Oliver Kockskämper

Die 27 schönsten E-BIKE TOUREN im Allgäu

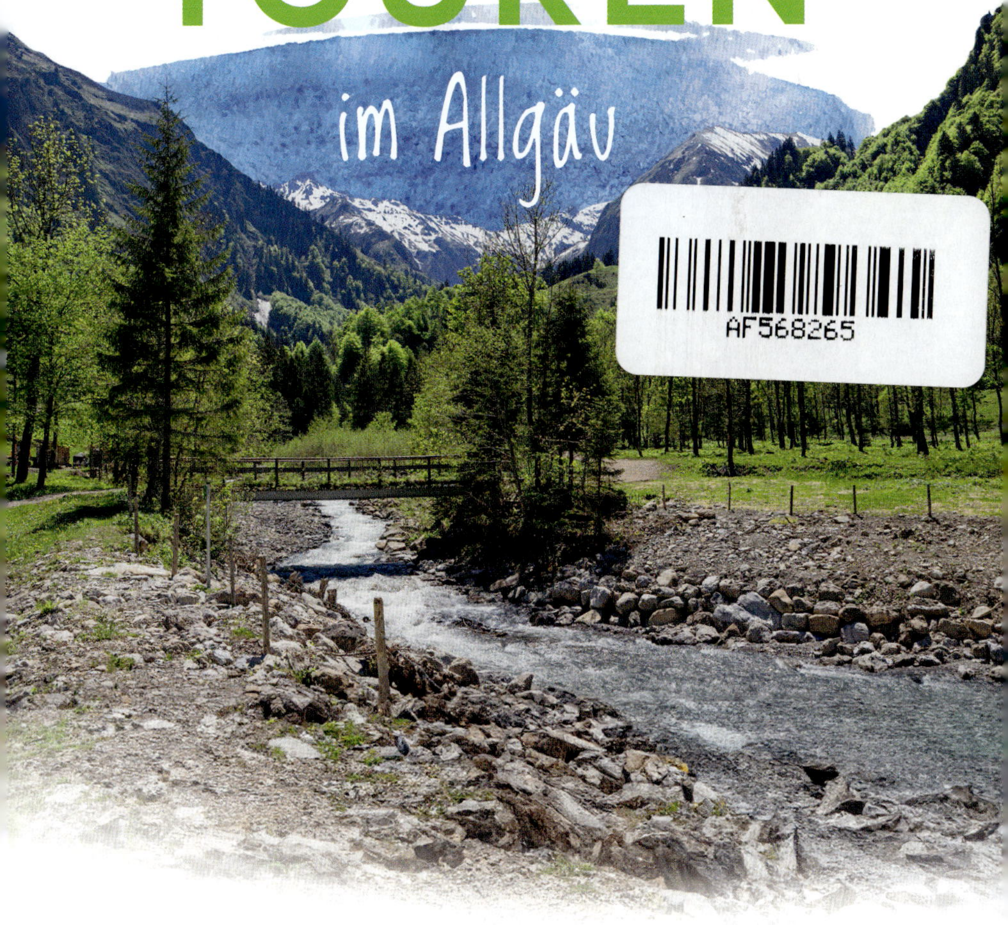

Die Touren

Die Radrunde Allgäu begleitet uns auf vielen Touren und garantiert uns herrliche Aussichten

An der Stadtgrenze von Oberstdorf steigen wir in den Iller-Radweg ein

Mit Ortsporträts von

DIE 27 SCHÖNSTEN E-BIKE-TOUREN IM ALLGÄU

Zu Gast bei den Nachbarn
im Tannheimer Tal

GRÜSS GOTT IM ALLGÄU

Sind es die mächtigen Alpengipfel und die sanften Hügel des Voralpenlandes? Sind es die gastfreundlichen Menschen? Sind es die tausende Kilometer auf bestens präparierten Radwegen, vorbei an kristallklaren Seen, Bächen und Flüsse? Sind es die vielen Wellness-Angebote oder die historischen Ortskerne, Schlösser, Kirchen und Klöster? Diese Fragen sind freilich nicht zu beantworten, denn es ist die einzigartige Symbiose aus diesen Themen und sicherlich noch viel mehr, was das Allgäu zu einer der beliebtesten Urlaubsregionen Deutschlands macht.

Gleich zu Beginn eine Warnung: Das Allgäu kann süchtig machen! Kaum sind wir hier angekommen, tauchen wir ein in diese wunderbare und meist auch ursprüngliche Natur und verspüren mit sofortiger Wirkung absolute Entschleunigung. Hier kommt wirklich jeder voll auf seine Kosten: Familien finden die ideale Kombination aus gemeinsamen Unternehmungen, Spiel und Spaß. Aktivurlauber stehen vor einem Eldorado an Radwegen und Wanderwegen, wobei alle Schwierigkeitsgrade möglich sind: Von der entspannten Tour am Fluss zum nächsten Wirtshaus über längere Tagestouren bis hin zu hochalpinen Exkursionen, die Mensch und Material alles abverlangen.

Nur Fliegen ist schöner: über den Wolken in Oberstdorf

Doch beginnen wir mal beim Namen: „All-Gäu" bedeutet „das hügelige Gebiet", wobei wir bei unseren Radtouren im Norden feststellen, dass es hier eher „flach" ist: Entlang der Iller rollen wir ganz entspannt durch von Memmingen über Illertissen und Vöhringen in die Donau-Metropole Ulm. Nur kleinere Steigungen erwarten uns bei den Touren rund um Kellmünz, Memmingen, Bad Wurzach oder Leutkirch.

Ganz andere Schwerpunkte entdecken wir rund um Bad Wörishofen oder Bad Grönenbach, denn hier wandeln wir auf den Spuren des Allgäuer Pfarrers Sebastian Kneipp, der die Wasserheilkunde „salonfähig" machte. Im Osten folgen wir der alten Dampfloktrasse zwischen Kaufbeuren und Marktoberdorf, während es im Westen immer abwärts zum Bodensee geht.

Als eine der ältesten Städte Deutschlands entführt uns Kempten in längst vergessene Zeiten, um bei Kißlegg, Isny oder Wangen hautnah zu erleben, dass das Allgäu nach wie vor ein „Käseland" ist. Der wilde Lech wird zwar ab und an mit Staustufe gezähmt, bietet uns aber auch ideale Bedingungen für Touren rund um Schongau oder Steingaden, wobei wir der viel besuchten „Wieskirche" freilich auch einen Besuch abstatten.

Dann geht es immer weiter auf die mächtigen Alpenriesen zu: Oberstaufen, Bad Hindelang und Oberjoch sind traditionelle Wintersportregionen, die unseren E-Bikes einiges an Akkuleistung abverlangen. Das gilt auch für die beiden Stippvisiten bei unseren österreichischen Nachbarn: Einmal kurbeln wir hinter Pfronten durch das Achtal nach oben, um durch das Tannheimer und das Seebach-Tal wieder zurück zu rollen. Gar nicht weit entfernt und doch durch mächtige Gipfel getrennt verläuft die „Königstour" dieses Buches: Von Füssen geht es in einer Mehrtagestour einmal rund um das Ammergebirge. Dabei stehen mit Schwangau, Bad Kohlgrub, Garmisch-Partenkirchen, Ehrwald, Lermoos und Reutte touristische Regionen der Extraklasse auf dem Plan.

Auch Oberstdorf gehört zu den bekanntesten Urlaubsorten des Landes. Auch das können wir sehr schnell nachvollziehen, denn wir lernen gleich beide Seiten der Region kennen: Beim Ausflug vorbei an Fischen, Sonthofen und Immenstadt zum Großen Alpsee die eher „quirlige" und gleichermaßen wunderschöne Seite. Der beschauliche Teil wartet, wenn wir an der Skiflugschanze vorbei und hinauf zu den Alpen kurbeln: Wir sind im Stillachtal – das kaum einen besseren Namen tragen könnte.

Bei Seeg gibt´s auch sehr anspruchsvolle Touren

Das „Königlichste" im Allgäu? Aber selbstverständlich: Das sind die weltberühmten Königsschlösser Hohenschwangau und Neuschwanstein. Sogar diejenigen, die nicht auf Massentourismus, Prunk und Kitsch stehen, werden beim Anblick dieser Anwesen verzückt sein. Überhaupt bietet sich Füssen als Standort für mehrere Touren an. Und so rollen wir nicht nur „mal eben" zu den Königsschlössern hinüber, sondern drehen eine große Runde um den sehr kalten Forggensee, der uns mit dem Alpenpanorama dahinter aber sehr erwärmt. Eine zweite Runde erschließt die kleineren, aber nicht minder schöneren Seen wie Hopfen-, Alat-, Weißen- und Obersee.

Füssen ist zudem das beste Beispiel für die Attraktivität der Allgäuer Städte, denn überall gibt es unglaublich viel zu sehen: Trutzige Burgen oder deren Ruinen, stolze Schlösser, prachtvoll ausgestattete Kirchen, Kapellen und Klöster, Fachwerkhäuser, historische Bauernhäuser und vieles mehr wartet darauf, von uns entdeckt zu werden.

Wenn wir zwischendurch durstig oder hungrig werden, gibt es auf keiner der Strecken einen Engpass: Restaurants, Cafés, Bäckereien, Imbisse und reichlich andere Gastronomiebetriebe gibt es in fast jedem grö-

Hinweis:
Aufgrund des Hochwassers vom Juni 2024 kann es ggf. auf einigen der beschriebenen Radwegen zu Hindernissen kommen.
Bitte erkundigen Sie sich vor Antritt Ihrer Tour.

Vor den Toren Schwangaus erhebt sich St. Coloman mitten in den Weiden

ßeren Ort. Was wir uns auf keinen Fall entgehen lassen dürfen, ist ein Besuch der vielen Käseläden – außer Sie sind ein „eingefleischter" Veganer.

Dieses Buch soll Appetit machen auf das Radeln im Allgäu. Die Radwege, die wir hier nutzen, sind bestens ausgebaut und beschildert. Es gibt überall große Radwege-Schilder mit Ziel- und Zwischenwegweisern, an denen wir uns orientieren können. Da unsere Touren ab und an davon abweichen, sind entsprechende Nummerierungen in den Karten aufgeführt. Und wenn wir uns doch einmal „verfransen": Kein Problem – die freundlichen Menschen im Allgäu bringen uns gerne wieder auf den rechten Weg.

Radfahren ist in erster Linie ein Naturgenuss – und damit dieser so naturverbunden wie möglich ist, startet und endet (fast) jede der 27 Radtouren an einem Bahnhof. Dabei ist es unerheblich, ob wir uns auf einer der Rund- oder einer der Streckentouren bewegen: Die An- und Abreise ist stets mit einer S-Bahn möglich. Wer mit dem Auto anreist, findet bei jeder Tour in unmittelbarer Nähe zum Start- bzw. Zielort entsprechende Parkplätze, die wir mit der Adresse benennen.

Die wichtigsten Informationen zur jeweiligen Tour haben wir in den „Blöcken" zu Beginn einer Tour und an den Seitenrändern zusammengefasst – und natürlich auch Möglichkeiten zur Einkehr, denn wir wollen ja nicht nur kurbeln, sondern auch genießen. Um die Tour besser einschätzen zu können, haben wir auch Angaben zur Streckenlänge und zur Charakteristik des Verlaufs angegeben. Die Kilometerangaben dienen der groben Orientierung und können rasch während der Tour abweichen, wenn wir mal vom Weg abkommen oder einen zusätzlichen Schlenker zu einer Sehenswürdigkeit einlegen.

Ladestationen und Wohnmobilstellplätze

Auch die Ladestationen für E-Bikes entlang oder nahe der Route sind für jede Tour angegeben. Vergessen Sie bitte nicht das Ladekabel für Ihr E-Bike! Manche Station verfügt nur über eine einfache Steckdose oder das eine oder andere Café bietet schlicht die Nutzung der Außensteckdose zum Aufladen des E-Bikes an – mit eigenem Ladekabel kein Problem.

Auch für Reisemobilisten eignet sich das Allgäu als ideale Entdeckungsregion. Alle Touren verfügen gleich über mehrere Stellplätze an oder nahe der Route, die in diesem Buch auf den Karten markiert sind.

Kartenmaterial

Die Kartenausschnitte in diesem Buch sollen Ihnen eine erste Übersicht und Orientierung für Ihre ausgewählte Tour geben. Für die allgemeine Radtourenplanung, z.B. auch für die individuelle Zusammenstellung einer Radtour aus verschiedenen Elementen unterschiedlicher Tourenvorschläge dieses Buches, ist eine größere und detaillierte Radwegekarte natürlich von Vorteil. Dazu finden Sie unter dem Kartenausschnitt entsprechende Hinweise auf die jeweilige ADFC Regionalkarte (Maßstab 1:75.000). Auf diese Weise können Sie z.B. bei Nutzung des ÖPNV auch Strecken planen, bei denen Sie einen anderen Bahnhof für die Abreise wählen als Ihren Startbahnhof. Die ADFC-Regionalkarten gibt es auch als App unter **www.fahrrad-buecher-karten.de/kartenapp**.

GPS

Auch für dieses Buch möchten wir Ihnen als zusätzliche Hilfestellung die Nutzung auf ihrem GPS-Gerät anbieten: Für jede der im Buch aufgeführten Touren stellen wir Ihnen entsprechende Track-Daten zum Download auf Ihren PC oder direkt in unsere Karten-App zur Verfügung:
www.fahrrad-buecher-karten.de/ebiketourendigital
Zugangscode: **ALL-01-227-671-EBB**

Helfen Sie mit!

Die in diesem Buch enthaltenen Informationen wurden sorgfältig nach bestem Wissen und Gewissen zusammengetragen. Dennoch gibt es in unserer schnelllebigen Zeit ständig Veränderungen: Straßennamen und Wegführungen werden verändert, ebenso Anschriften und Öffnungszeiten. Helfen Sie uns mit, dieses Buch ständig aktuell zu halten, in dem Sie uns etwaige Änderungen unter buecher@bva-bikemedia.de mitteilen. Unser Dank ist Ihnen so gewiss wie der Dank der anderen Leserinnen und Leser!

VIEL SPASS BEIM RADELN!

Mit dem E-Bike
durch´s Alpenvorland

Nach der Radtour auf´s Wasser?

Tour 1

Länge 43 km

AKKU-SCHONENDES GLEITEN HINAB ZUM BODENSEE

Streckentour von Kißlegg über Wangen nach Lindau

Einfach herrlich: Zuerst folgen wir dem Donau-Bodensee, dann dem Bodensee-Königssee-Radweg aus den Höhenzügen des Allgäus hinunter zum Schwäbischen Meer. Auf besten Wegen gleiten wir durch die weite Natur, ehe am Bodensee das große Finale in Lindau wartet: Hier blicken wir im Hafen vorbei am Bayerischen Löwen auf das schillernde Wasser und das Schweizer Alpenpanorama.

Was erwartet mich?

43 km, eine Tour mit einer kurzen Steigung zu Beginn und sonst kompletter Gefällstrecke auf einem Mix von Straßen, asphaltierten Wirtschaftswegen, naturbelassenen Wegen und Pfaden – beschildert als Donau-Bodensee-Radweg sowie Bodensee-Königssee-Radweg.

Wie komm ich hin?

ÖPNV:

Start: Bahnhof Kißlegg

Ziel: Bahnhof Lindau

Mit dem Auto:

Parkplatz an der Bahnhofstraße 7B, Kißlegg

Was muss ich sehen?

1 **Neues Schloss Kißlegg**

2 **Pfarrkirche St. Gallus und Ulrich**

3 **Kalvarienberg-Kapelle**

4 **Salvatorkolleg**

Wo tank ich auf?

Bäckerei Einhauser, Herrenstraße 20, Kißlegg

Fidelisbäck, Paradiesstraße 3, Wangen

Pschorr Stüble, Ortsstraße 5, Wangen-Oberwangen

Claudis Vesperstube, Stockenweiler 33, Hergetsweiler

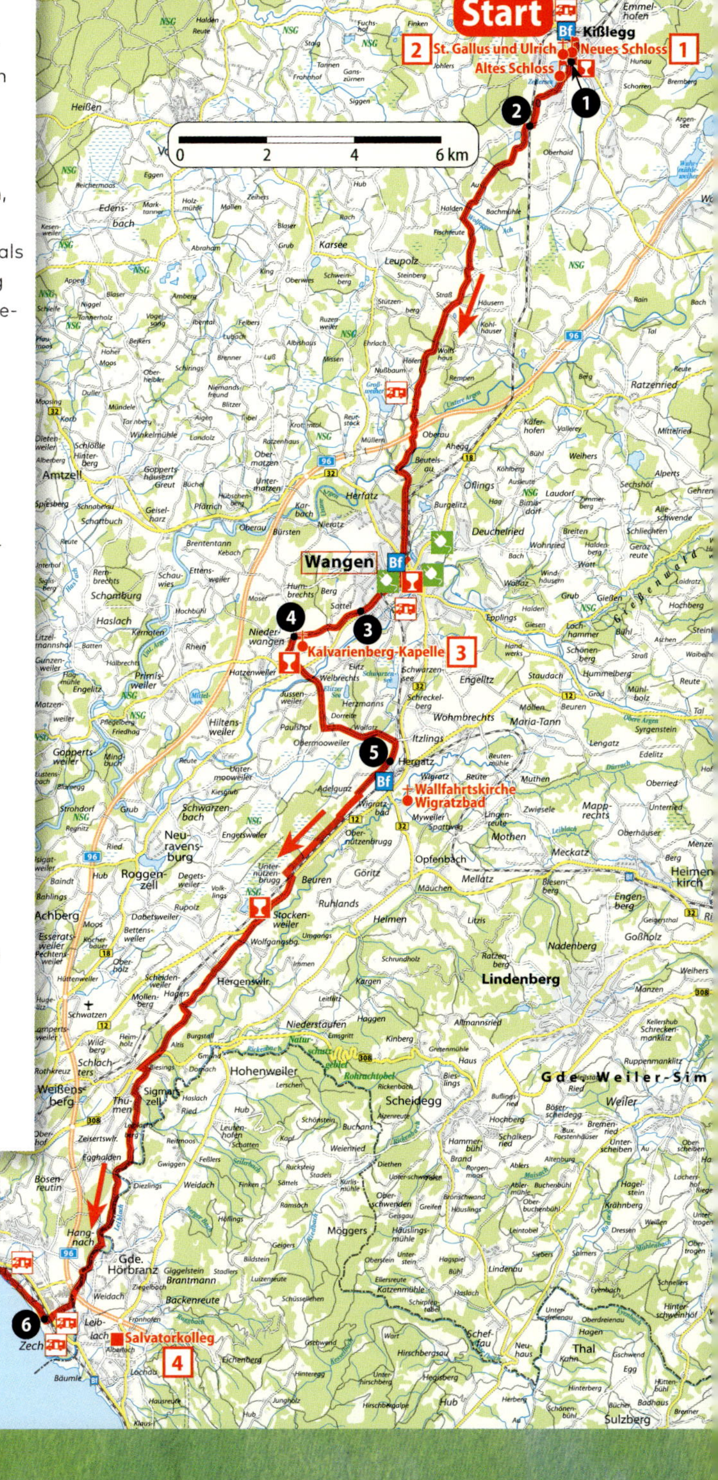

Kartentipp: **ADFC Regionalkarten Allgäu + Bodensee**

TOURSTART

Wir starten am Bahnhof von Kißlegg, den wir nach links über die Bahnhofstraße verlassen, um direkt rechts in den Schlosspark einzubiegen und auf die andere Seite des Parks zu rollen.

Gut durchatmen können wir in unserem Start-Ort Kißlegg, denn die Gemeinde wurde als Luftkurort geadelt. Im Norden des Ortes liegt der **Obersee** mit einem erfrischenden Strandbad. Die Keimzelle allerdings wird am **Zellersee** verortet, der sich zu Füßen des Alten Schlosses erstreckt. Hier soll ein Leutkirchener Priester namens Ratpot im 8. Jh. Zelle, d.h. eine Kirche mit Wohnung, gegründet haben.

*Vor dem Schloss links aus dem Park hinaus auf die Schützengasse, rechts in die Herren-, dann links in die Fürst-Maximilian-Straße (**Wegepunkt ❶**). Ab hier folgen wir den Schildern des Donau-Bodensee-Radweges.*

Strahlend schön:
Die Pfarrkirche St. Gallus

Wenn wir genau hinsehen, entdecken wir im Schlosspark eine Skulptur namens **„Wächter"**, ein sportlicher junger Mann, der „alles zeigt". Sie wurde von Wilhelm Riedisser erschaffen, der hier in Kißlegg aufwuchs. Das hier ist übrigens eine Kopie aus Bronze – das Original steht in Berlin.

Der **Schlosspark** wurde im Stile eines englischen Gartens angelegt. Nachdem wir ihn halb umrundet haben, gelangen wir zum [1] **Neuen Schloss**. Graf Johann Ernst von Waldburg-Trauchburg ließ sich dieses wunderschöne Anwesen mit barockem Charme errichten. Nach der Fertigstellung 1727 war es zunächst in Familienbesitz, bevor es eine Zeit lang als Schule und Museum genutzt wurde. Inzwischen finden wir hier das Heimatmuseum sowie das Gäste- und Kulturamt.

Ansehen müssen wir uns auch die [2] **Pfarrkirche St. Gallus und Ulrich**. Sie wurde auch im Stile des Barock ausgestattet und gilt als eine der schönsten im Allgäu. Wenn wir an den Säulen vorbei durch die Halle schreiten, ziehen die wertvollen Ausstattungen am Altar und an der Kanzel unsere Blicke auf sich bevor sich die Augen an die Deckengemälde heften.

*Hinter dem Alten Schloss rechts in die Sebastian-Kneipp-Straße, in der Kurve geradeaus und ein Stück parallel zu den Schienen. Nach wenigen Metern queren wir die Bahnschienen (**Wegepunkt ❷**) und biegen links ab.*

Das **Alte Schloss Kißlegg** liegt auf unserem Weg hinaus aus dem Ort. Es wurde im 16. Jh. für die Herren von Schellenberg erbaut, bevor es im 18. Jh. die Grafen von Waldburg-Wolfegg übernahmen, die es immer noch besitzen. Der quadratische Bau wird mit runden Türmen ergänzt.

An der Stelle, wo wir auf die Schienen treffen, erstreckt sich linkerhand der kleine und fast kreisrunde **Schlingensee**.

Das Eigenheim der Grafen von Waldburg-Wolfegg

Wir folgen dem Donau-Bodensee-Radweg, der uns mit einer kleinen Steigung und anschließendem Gefälle durch ruhige Natur und vorbei an einigen Höfen über die A96 hinweg nach Wangen geleitet.

Mit unserer Elektrounterstützung ist es kaum merklich, doch wir kurbeln uns langsam hinauf auf 689 m und haben den Scheitelpunkt dieser Tour erreicht. Dabei folgen wir dem tiefblauen Schild, das den **Donau-Bodensee-Radweg** kennzeichnet. Er startet in Ulm und folgt einem Teil der Oberschwäbischen Barockstraße. Seit 2015 darf sich der 156 km lange Fernradweg „Qualitätsroute des ADFC" nennen, wobei der Club 4 von 5 Sternen vergab.

Die Innenstadt von **Wangen** werden wir uns noch auf der **Tour 4** genauer angesehen.

Über den Kreuzweg schreiten wir zur Kalvarienberg-Kapelle

*Wangen verlassen wir entlang der Lindauer Straße auf dem Donau-Bodensee-Radweg, der später bei einer Bushaltstelle (**Wegepunkt ❸**) schräg rechts abzweigt.*

Bevor wir Niederwangen erreichen erhebt sich links neben uns die **3 Kalvarienberg-Kapelle**. Wir können unsere Bikes unten sichern und den Kreuzweg hinauf schreiten. Oben erwarten uns ein farbenfrohes Gotteshaus und eine erstklassige Aussicht.

Reisemobilstellplätze an oder nahe der Route

Wohnmobilstellplatz am Strandbad Obersee, Strandbadweg, Kißlegg

Campingplatz Röhrenmoos am Großsee, Röhrenmoos 1, Wangen

Wohnmobilstellplatz, Südring, Wangen im Allgäu

Park-Camping Lindau am See, Fraunhoferstraße 20, Lindau

Wohnmobil und PKW-Parkplatz (eher Abstellplatz), Bregenzer Straße 177, Lindau

Wohnmobil-Stellplatz der Lindau-Therme, Von-Behring-Straße 1, Lindau

E-Bike Ladestationen an oder nahe der Route

OEW Ladestation, Engelberg 29, Wangen

Free Locker for charger and batterie, Scherrichmühlenweg 14, Wangen

EnBW, Hafnergasse 1 und Bahnhofstraße 9, Wangen

Klimo Station, Alfred-Nobel-Platz 1, Lindau

*Den Donau-Bodensee-Radweg verlassen wir nach links auf Berg- (**Wegepunkt ❹**) und rechts Ortsstraße durch Niederwangen. Anschließend geradeaus über die Landstraße und über den Fluss hinweg und auf nahezu ebener Strecke nach links durch Wolfatz Richtung Hergatz.*

Wir überqueren die **Obere Argen**. Sie ist rund 50 km lang und einer von zwei Quellflüssen der Argen, die wiederum in den Bodensee mündet.

Unweit unseres Weges steht die **Wallfahrtskirche Wigratzbad** in einem modernen Gewand. Der Kölner Architekt Professor Gottfried Böhm zeichnete sich verantwortlich für den Entwurf des Gotteshauses, das 1974 fertiggestellt wurde. Die „Sühnekirche", wie sie auch genannt wird, ist dem Heiligsten Herzen Jesu und dem unbefleckt empfangenen Herzen Mariens geweiht.

*Ab Hergatz treffen wir auf den Bodensee-Königssee-Radweg (**Wegepunkt ❺**), der ein gutes Stück der Eisenbahn folgt, wobei wir die Orte Unternützenbrugg, Stockenweiler, Hergensweiler, Hagers und Thumen tangieren.*

Jenseits der Bahnschienen liegt der **Stockenweiler Weiher** malerisch eingebettet in ein Naturschutzgebiet. Das Heilig-Geist-Spital aus Lindau legte den See im Jahre 1407 als Fischteich an.

Etwas nördlich des Weihers findet einmal pro Jahr das **„Woodstockenweiler Festival"** statt. Das Line-Up ist ebenso bunt gemischt wie die Besucher, unter denen von „ganz jung" bis „etwas älter" alle vertreten sind.

Rund um die 1712 erbaute **Pfarrkirche St. Ambrosius** konnte sich Hergetsweiler seinen eher dörflichen Charme bewahren. Die Bewohner genießen einen atemberaubenden Blick auf die **Appenzeller** und die **Glarner Alpen**. Die Dorfstraße wird geprägt von mehreren historischen Gebäuden, die meist im 18. und 19. Jh. entstanden. Dazu gehören die Gasthäuser Zur Post und Sonne und einige **Bauernhäuser**.

Stets in der Nähe des Flüsschens Leiblach geht es nun deutlich bergab. Vorbei an Hangnach und Hörbranz erreichen wir Zech.

Ein kleiner Abstecher führt nach Hörbranz, wo sich die dem heiligen Martin geweihte **Pfarrkirche** in die Höhe reckt. Noch spannender ist das 4 **Salvatorkolleg**,

Das Salvator Kolleg ist weithin sichtbar

das mit seiner besonderen Architektur und dem auffälligen Turm fast schon italienische Erinnerungen weckt. Die Anlage wurde 1893 als Marienkolleg gegründet und diente im Ersten Weltkrieg als Lazarett, im Zweiten Weltkrieg als Kaserne und heute als Berufsschul-Internat für das Gastgewerbe.

*Den Ort Zech durchradeln wir geradlinig, queren die Bregenzer Straße und erreichen den Bodensee-Radweg (**Wegepunkt ❻**), dem wir nach rechts folgen.*

Der Bodensee-Radweg führt in anderer Richtung nach Bregenz mit seiner international bekannten **Seebühne**. Die **älteste Stadt am Bodensee** verbindet in einzigartiger Weise moderne Architektur und Geschäftigkeit in der Unterstadt mit der verträumt-ruhigen Atmosphäre der mittelalterlichen und barocken Oberstadt.

*Der Bodensee-Radweg geleitet uns meist am Ufer entlang nach Lindau. Den ersten Kreisverkehr verlassen wir nach links über die Brücke, den Kreisel dahinter nach rechts (**Wegepunkt ❼**) entlang der Straße „Zwanzigerstraße" und den dritten Kreisel nach links auf der Zeppelinstraße. So gelangen wir zum Lindauer Bahnhof, wo die Streckentour endet.*

Mehr Informationen über die Stadt finden Sie im **Ortsporträt Lindau** (siehe S. 22).

LINDAU

„Insel, auf der die Lindenbäume wachsen" – eine schönere Entstehung können wir uns für einen Stadtnamen sicherlich kaum vorstellen! Das schöne ist: Die Lindenbäume gab es schon zu der Zeit um 882, als ein Mönch aus St. Gallen erstmals den Ort „Lindau" niederschrieb. Seit dem 13. Jh. enthalten Stadtwappen, Siegel und das offizielle Stadtlogo bis zum heutigen Tag ein Lindenblatt oder gleich einen ganzen Lindenbaum.

Zu Lebzeiten des Mönches war die Region rund um Lindau allerdings schon lange besiedelt. Gesichert ist die römische Vergangenheit, die mit den Resten einer „villa suburbana" zweifelsfrei nachgewiesen werden konnte. Heute zeugt der **Römerpark** von dieser Zeit: Er liegt auf dem „Festland" und beherbergt mit der kleinen Krellschen und der farbenfrohen Ulrichskapelle gleich zwei schöne Gotteshäuser.

Der Begriff „Festland" hat sich im Sprachgebrauch etabliert und klingt auch plausibel, denn hier lag der Markt der Stadt, hier verliefen damals die wichtigen Handels- und heute die bedeutenden Fernstraßen. Deutlich ruhiger wird es auf der Insel, die zunächst von einem Damenstift besiedelt wurde. Als die Streitigkeiten zwischen den Saliern und dem Reformpapsttum immer weiter anwuchsen, verlegte man 1079 den Markt auf die Insel.

Schon kurz darauf, im Jahre 1180 errichtete man die Pfarrkirche St. Stephan, um die herum eine Stadt mit allen Rechten heranwuchs. Es folgten das Münzrecht, die Einberufung des Reichstags im Alten Rathaus und viele Höhen und Tiefen der Stadtgeschichte.

Lindau: Mal imposant wie am Hafen…

Was blieb, sind viele der historischen Gebäude. Und so wird unser Ausflug auf die Insel auch zu einem Ausflug in die Geschichte.

Vom **Jugendstil-Bahnhof** aus erreichen wir rasch den berühmten **Hafen**, dessen Einfahrt auf der einen Seite vom **Leuchtturm**, auf der anderen Seite vom **Bayerischen Löwen** bewacht wird. Erstaunliche 70 Tonnen schwer und 6 m hoch: Als Johannes von Halbig 1856 den Löwen erschuf, musste er in mehreren Blöcken geschlagen werden. Der Marmor kam übrigens aus Kehlheim, also gar nicht weit von hier entfernt an der Mündung der Altmühl in die Donau. Der Sandstein für die Hafenmole kam aus Südtirol und gibt uns die Möglichkeit, den Pranken des Löwen ganz nah zu kommen und zugleich eine spektakuläre Sicht zu genießen: Zur einen Seite auf die herrliche Altstadt mit dem schlanken Mangturm und zur anderen Seite über den weiten Bodensee bis hin zu den Schweizer Alpen.

Wenn wir über die Insel streifen, sollten wir dies am besten per Pedes machen, denn es gibt so viel zu sehen, dass wir alle paar Meter von den E-Bikes steigen müssten. Bei genauem Hinsehen entdecken wir auch immer

… mal detailliert wie im Park

Überall gibt's was zu entdecken: Am Rathaus...

... am Neptunbrunnen...

wieder Reste der ehemaligen **Stadtbefestigung**, wie beim **Landtor** oder im Bereich **„Auf der Mauer"** bei der Zeppelinstraße.

Von außergewöhnlicher Schönheit ist das 1422 errichtete und später mit einem Treppengiebel erweiterte **Alte Rathaus**. Vom **Bismarckplatz** führt eine prachtvolle, überdachte Freitreppe in einen Erker, während Wandmalereien das alles noch weiter in Szene setzen. Auch die anderen Außenwände sind sehenswert: Zum Norden entdecken wir u.a. eine Uhr, zum Süden die Lindauer Stadthistorie als überdimensionale Malerei – einfach herrlich!

Es geht im gleichen Stile weiter: Über die **Maximilianstraße**, wo sich eine historische Fassade mit der nächsten abwechselt, erreichen wir das **Haus zum Cavazzen**. Das Bürgerhaus wurde im Stile des Barock erbaut und bezaubert wieder mit präzisen Wandmalereien.

Nun trennen uns nur noch wenige Schritte vom **Marktplatz** mit dem auffallenden **Neptunbrunnen**. Hinter ihm erheben sich in trauter Zweisamkeit die evangelische **Kirche St. Stephan** mit feinem Rokoko-Stuck und direkt rechts daneben das **Münster „Unserer Lieben Frau"**. Es handelt sich um die ehemalige Stiftskirche Mariä Himmelfahrt, deren Wurzeln vermutlich bis 810 reichen.

... und in den Altstadtgassen

Nachdem wir uns auch noch den **Diebsturm**, das **Neue Rathaus**, das **Zeughaus**, zahlreiche Villen und Herrenhäuser angesehen haben, lassen wir uns am **Lindavia-Brunnen** nieder, um Luft zu holen. Nachdem wir die Bronzefiguren haben auf uns wirken lassen, steht noch die Überlegung an, welches der vielen Cafés und Restaurants wir ansteuern, um die ereignisreiche Stadtbesichtigung von Lindau ausklingen zu lassen.

Die Silhouette Kißleggs spiegelt sich malerisch im Zellersee

KISSLEGGER HUDELMALE – WAS IST DENN DAS?

Rundtour von Kißlegg über Wolfegg und Rötenbach

Ein Blick auf das Höhenprofil verrät es: Die E-Bikes werden uns auf dieser Radtour beste Dienste leisten, denn es geht ständig auf und ab. Am Wegesrand gibt es viel zu entdecken: eine kleine Wallfahrtskirche, verschiedene Weiher, die zum Baden einladen und Wolfegg mit seinem wunderbaren Schloss und einem Automuseum.

Was erwartet mich?

30 km, eine sehr hügelige Tour mit sehr vielen Steigungen und entsprechenden Gefällstrecken auf einem Mix von Straßen, asphaltierten Wirtschaftswegen, naturbelassenen Wegen und Pfaden – beschildert als Radrunde Allgäu.

Wie komm ich hin?

ÖPNV: Bahnhof Kißlegg
Mit dem Auto: Parkplatz an der Bahnhofstraße 7B, Kißlegg

Was muss ich sehen?

1. Wallfahrtskirche Maria Königin der Engel
2. Schloss Wolfegg
3. Automuseum Wolfegg
4. Pfarrkirche St. Katharina

Wo tank ich auf?

Gleisneun, Bahnhofstraße 7, Kißlegg
Bäckerei Einhauser, Herrenstraße 20, Kißlegg
Café am Schlossplatz, Wette 2, Wolfegg
Museumsgaststätte Fischerhaus, Fischergasse 29, Wolfegg

Kartentipp: **ADFC Regionalkarte Allgäu**

TOURSTART

Wir starten am Bahnhof von Kißlegg, den wir nach rechts über die Bahnhof- und wieder rechts Schlossstraße verlassen. Wir befinden uns bereits auf der „Radrunde Allgäu".

Um die aufgeworfene Frage direkt vorab zu klären: Wir müssen schon genau zur rechten Zeit hier sein, um die **Kißlegger Hudelmale** zu entdecken. Das Wort „Hudelma" kann frei übersetzt werden als „Mann aus dem niederen Stande, der nichts genau nimmt". Seit dem 17. Jh. wird die schwäbisch-allemannische Fastnacht dazu genutzt, dass das „Hudelmanns-Gesindel" der Obrigkeit den Spiegel vorhält. Dafür wandet man sich in ein historisch genau überliefertes Kostüm und verbirgt sein Gesicht hinter einer Maske mit „heiter-dümmlichem Gesichtsausdruck. Der „Narrenfahrplan" (im Netz verfügbar) weist zahlreiche Termine aus, die meisten davon in der Fastnachtszeit. Doch auch im Frühjahr, Sommer und Spätherbst sind die Hudelmale unter dem Motto „Des sind mir aus Kißlegg" aktiv.

Im Neuen Schloss gibt´s viel Wissenswertes über die Stadt

Nicht in der richtigen Zeit hier? Kein Problem: Kißlegg ist über das ganze Jahr hinweg sehenswert. Viele der Attraktivitäten haben wir bereits bei Tour 1 kennengelernt. Dazu zählt auch das etwas außerhalb der Innenstadt gelegene **Alte Schloss**, in dem immer noch die Familie Waldburg-Wolfegg residiert. Es wurde 1570 fertiggestellt, später aber einige Male verändert. In dem bis 1727 erbauten **Neuen Schloss** finden wir das

Gäste- und Kulturamt, aber auch eine Heimatstube, die uns mehr über die Vergangenheit Kißleggs erzählt. Direkt nebenan erhebt sich die 1722 errichtet, spätbarocke **Schlosskapelle** und blickt hinüber zur Pfarrkirche St. Gakkus und Ulrich, die nur unwesentlich „jünger" ist.

Unmittelbar hinter der Bahnlinie fahren wir rechts in den Stolzensee- und direkt links in den Strandbadweg.

Der **Obersee** von Kißlegg ist ein echtes Sommerparadies: Es gibt ein Strandbad, von dem wir zum 3 m hohen Sprungturm schwimmen können, einen Imbiss, einen Wohnmobilstellplatz, einen Spielplatz, ein Schwimmbad zum „Bahnenziehen" und vieles mehr.

*Am Parkplatz rechts vorbei, an der langen Halle entlang und am querenden Stolzenseeweg links (**Wegepunkt** ❶). Den Schildern der Radrunde Allgäu folgen wir mit mehreren Steigungen via Stolzensee, Weitershofen, Rötsee und Rahmhaus nach Immenried.*

Das Ziel vieler Wallfahrer: Die Kirche Königin der Engel

Der kleine Weiler Rötsee empfängt uns mit einem echten Schmuckstück: Die [1] **Wallfahrtskirche Maria Königin der Engel** erhielt schon einen außergewöhnlichen Namen, als sie im 11. Jh. errichtet wurde. Einst erhob sich hier eine dreischiffige Basilika, von der aber leider nur noch das Langhaus erhalten ist. Aus dem Dach steigt ein sechseckiger Glockenturm, der von einer Zwiebelhaube begrenzt wird. Im Innern erwarten uns farbenfroh gestaltete Fresken, die auf Kanzel und Hochaltar mit prunkvoller Ausstattung blicken.

Das Örtchen Immenried gab es bereits im 13. Jh. – zumindest wird es im St. Gallener Totenbuch erwähnt. Die Geschichte meinte es nicht immer gut mit Immenried: Es gab Großbrände, Hungersnöte und schwere Zerstörungen im 30-jährigen Krieg. Darum freuen wir uns, heute diesen schönen Dorfkern zu entdecken, wo es ein **Bauernhaus** mit den typischen kleinen Schindeln und die **Pfarrkirche St. Ursula** gibt, die auf weitere historische Fassaden blickt.

Reisemobilstellplätze an oder nahe der Route

Wohnmobilstellplatz am Strandbad Obersee, Strandbadweg, Kißlegg

Wohnmobilstellplatz Wolfegg, Rötenbacher Straße 98, Wolfegg

E-Bike Ladestationen an oder nahe der Route

Tulip Power, Alttanner Straße 4, Wolfegg

Die Radrunde Allgäu geleitet uns mit deutlichen Steigungen an mehreren Weihern vorbei, dann via Eintürnenberg nach Weitprechts.

Am Wegesrand liegen der Holzmühle-, der Langwuhr-, der Hasen- und der **Metzisweiler Weiher**. An mehreren Stellen bietet sich die Gelegenheit zu einem erfrischenden Bad, während sich zwischen den Weihern dichte Wälder und Moore abwechseln.

Wir erreichen mit 726 m den höchsten Punkt dieser Tour, bevor wir durch Eintürnenberg rollen, wo sich unübersehbar die **Pfarrkirche St. Martin** erhebt.

Von Weitprechts geht's in sanfter Abfahrt vorbei am Metzisweiler Weiher hinunter nach Wolfegg.

Erst eine Stärkung am Wolfegger Schlossplatz...

Der heilklimatische Kurort ist der ideale Ort für eine längere Pause, denn es gibt reichlich zu entdecken: Die Skyline wird bestimmt vom aussichtsreich gelegenen **2 Schloss Wolfegg**. Ende des 16. Jhds. ließen sich die Adeligen von Truchsess-Waldburg dieses vierflügelige Anwesen im Renaissance-Stil erbauen. Der Grund für den Neubau war weniger schön: 1578 zerstörte ein Kaminbrand einen Teil des Anwesens, bevor schwedische Truppen im 30-jährigen Krieg für weitere schwere Zerstörungen sorgten. Der Wiederaufbau verzögerte sich wegen finanzieller Engpässe, doch dann entstanden prunkvolle Räume, die später in feinstem Rokoko-Stil ausgestaltet wurden.

In zwei Gebäudeteilen des Schlosses wurde das **3 Automuseum Wolfegg** untergebracht. Es füllt eine Fläche von etwa 3.000 qm und präsentiert uns rund 40 Krafträder und 80 Autos aus verschiedenen Epochen, bei vielen Besuchern kommen Kindheitserinnerungen auf, denn die meisten der Fahrzeuge stammen aus den 1960er- bis 80er Jahren. Sehr außergewöhnlich ist die **Einradanhängersammlung**, die als größte ihrer Art weltweit gilt.

Die **4 Pfarrkirche St. Katharina** gilt als eine der schönsten Barockkirchen der Region – ein Blick ins Innere lohnt sich also. Dabei schweift der Blick nach oben zur Chorkuppel, die Johann Georg Fischer zwischen 1733 und 1736 als Gesamtkunstwerk erschuf.

Auf einer riesigen Fläche verteilen sich 15 historische Gebäude und formen das **Bauernhaus-Museum Allgäu-Oberschwaben**. Das Freilicht-Museum vermittelt uns hautnah, wie damals gelebt, gearbeitet und auch gewohnt wurde.

*Wolfegg verlassen wir entlang der Rötenbacher Straße (**Wegepunkt ❷**) und können kurz hinter dem Wohnmobilstellplatz links abzweigen.*

... dann geht´s hinauf zur Pfarrkirche St. Katharina

Am Ortsausgang von Wolfegg kommen wir an der Loretokapelle vorbei. Von schneeweißen Mauern bewacht liegt sie in wunderbarer Einzellage im Feld. Das Innere vermittelt mit den roten Ziegelwänden zunächst einen etwas strengen Eindruck, der mit den filigranen Gemälden an den Wänden aber schnell verfliegt. Die wenigen Meter zur Kapelle lohnen sich doppelt, denn die Aussicht von hier ist einfach herrlich!

Die Schilder der Radrunde Allgäu führen uns durch weite Felder nach Rötenbach.

Wer trotz der Erlebnisse auf dieser Tour noch aufnahmefähig für sakrale Kunst ist, rollt in Rötenbach zur **Pfarrkirche St. Jakobus**. Beim Hochaltar wird ein filigranes Marienbild wunderbar von glänzendem Marmor eingerahmt.

Über die Tränkgasse verlassen wir Rötenbach und radeln an Achtal und am Premer Weiher vorbei. Die Radwegeschilder geleiten uns durch die Örtchen Ganszürnen, Unter- und Oberriedgarten zurück nach Kißlegg, wo unsere Tour am Bahnhof endet.

Kurz vor Ende der Tour kommen wir am **Zellersee** vorbei. Das ist eine ideale Möglichkeit für eine Rast, denn von hier blicken wir über die funkelnden Wogen hinüber auf die Silhouette der Stadt.

Unberührte Natur im Wurzacher Ried

Tour 3 Länge 51 km

DURCH'S WURZACHER RIED

Rundtour von Bad Wurzach über Wolfegg und Bad Waldsee

Endlich einmal eine Tour, bei der wir immer wieder unsere Akkus gut gebrauchen können, denn die 51 km sind gespickt mit kurzen, aber teils „knackigen" Anstiegen. Der Themenradweg „Radrunde Allgäu" geleitet uns nach Wolfegg, ehe es auf der „Bädertour" nach Bad Waldsee geht. Als krönender Abschluss wartet das Naturschutzgebiet Wurzacher Ried.

Wie komm ich hin?

ÖPNV:
Bahnhof Bad Wurzach

Mit dem Auto:
Wurzacher Ried Parkplatz 1, Biberacher Straße 23, Bad Wurzach

Was muss ich sehen?

1. Schloss Wurzach
2. Bauernhaus-Museum Allgäu-Oberschwaben
3. Rathaus Bad Waldsee
4. Naturschutzgebiet Bad Wurzacher Ried

Wo tank ich auf?

Café am Schlossplatz, Wette 2, Wolfegg

Museumsgaststätte Fischerhaus, Fischergasse 29, Wolfegg

Scala Restaurant am See, Wurzacher Straße 55, Bad Waldsee

Cafézeit im Hecht, See-Café, Ulrich-Kuderer-Straße 14, Bad Waldsee

Was erwartet mich?

51 km, eine hügelige Tour mit mehreren kurzen Anstiegen und Gefällen auf einem Mix von Straßen, asphaltierten Wirtschaftswegen, naturbelassenen Wegen und Pfaden – beschildert als Radrunde Allgäu, Donau-Bodensee-Radweg und Oberschwaben-Allgäu-Radweg.

Kartentipp: **ADFC Regionalkarte Allgäu**

TOURSTART

Wir starten am Bahnhof von Bad Wurzach, den wir nach links auf der Bahnhof- und rechts der Biberacher Straße verlassen. Nachdem wir geradeaus durch die Gartenstraße gefahren sind, erreichen wir nach rechts in den Breiteweg die „Radrunde Allgäu".

Bad Wurzach ist das **älteste Moorheilbad** des Bundeslandes. Doch die Geschichte des Ortes geht freilich noch viel weiter zurück: Schon im Jahre 1273 war von einem „Oppidum Wurzum" zu lesen, das 1333 die Stadtrechte erhielt. In den Jahren 1813/14 richtete man ein **Leprosenhaus** ein, in dem mehr als 4.000 Soldaten gepflegt wurden. Ein Teil der Räume wird als **Museum** genutzt, ein anderer als **Galerie** für den hier in Wurzach geborenen Künstler Sepp Mahler.

Wie ein Hufeisen wurde Schloss Wurzach erbaut

Wunderschön anzusehen ist auch **1 Schloss Wurzach**, das um 1728 für Graf Truchsess von Waldburg-Zell-Wurzach errichtet wurde. Trotz einer dunklen Vergangenheit als Internierungslager im Zweiten Weltkrieg konnte das Anwesen erhalten werden. Wie ein Hufeisen gesellen sich die drei Flügel des Schlosses und beherbergen ein kunstvoll gestaltetes Treppenhaus aus der Zeit des Barock.

*Am Ende des Breitewegs überqueren wir die B465 mit einem Schlenker über die Brücke (**Wegepunkt ❶**) und radeln auf der anderen Seite auf dem Breiteweg weiter. Es geht durch weite Felder an einigen Höfen und einer Biogasanlage vorbei. Ab hier sind wir auf der Krattenweiler Straße unterwegs, die uns nach Ziegelbach bringt.*

Unübersehbar sind die Anlagen der **Biogasanlage** der Familie Lott. Wie es in diesen Anlagen üblich ist, wird „Biomasse" wie Mais, Kartoffeln etc. vergärt, um daraus in einem Blockheizkraftwerk Strom und Wärme zu erzeugen.

Ziegelbach durchrollen wir den Schildern der Radrunde Allgäu (RRLL) folgend geradlinig auf der Barockstraße.

Ziegelbach ist ein ruhiges und beschauliches Dörfchen, in dem gerne die alten Traditionen gepflegt werden. So wird jedes Jahr zu Ostern der kleine **Brunnen** festlich geschmückt. Der steht direkt vorm **Dorfstadel**, der das ganze Jahr hindurch ein schönes Motiv liefert.

*Am Ortsende von Ziegelbach rechts in den Weg (**Wegepunkt** ❷) und am Bauernhof vorbei. Die RRLL zweigt mitten in den Feldern links ab und bringt uns nach Rohrbach. Hier auf der Hauptrichtung („Am Rohrbach") durch den Ort, dann den RRLL-Schildern folgend rechts in den Weg (**Wegepunkt** ❸).*

Eine Wasserfläche von etwa 55 ha bedeckt der **Rohrsee**, an dem wir direkt entlang radeln. Gemeinsam mit der **Wurzacher Ried** wurde er als FFH-Gebiet ausgewiesen. Dabei ist er durchschnittlich nur etwas mehr als einen Meter tief. So kommt es in trockenen Sommern schon mal vor, dass der Rohrsee fast komplett austrocknet. Vogelfreunde sollten Ferngläser dabei haben, denn hier gibt es viele seltene Arten zu beobachten.

*Die Radrunde Allgäu bringt uns nach Weitprechts, wo wir in der Rechtskurve die Radrunde Allgäu verlassen (**Wegepunkt** ❹) und der Wolfegger Straße bis zur Ortsmitte von Wolfegg folgen.*

Nicht entgehen lassen dürfen wir uns das **2 Bauernhaus-Museum Allgäu-Oberschwaben**. Auf einer weitläufigen Fläche verteilen sich 15 historische Gebäude, darunter einige mit feinstem Fachwerk. Das Museum vermittelt uns hautnah, wie damals gelebt, gearbeitet und auch gewohnt wurde.

Lebendige Vergangenheit im Bauernhausmuseum

Den weiteren Sehenswürdigkeiten von **Wolfegg** widmen wir uns bei **Tour 2**.

*Wolfegg verlassen wir den Schildern des „Donau-Bodensee-Radwegs" folgend über rechts Fischergasse (**Wegepunkt** ❺) und rechts Mühlenstraße.*

Reisemobilstellplätze an oder nahe der Route

Wohnmobil Stellplatz Bad Wurzach,
An der Thermalquelle 1,
Bad Wurzach

Stellplatz Bad Waldsee,
Hopfenweiler Straße 2a,
Bad Waldsee

Wohnmobilstellplatz Therme Bad Waldsee,
Unterurbacher Weg 26,
Bad Waldsee

Wohnmobilstellplatz Wolfegg,
Rötenbacher Straße 98,
Wolfegg

Das Waldseer Rathaus finanzierten die Bürger einst selbst!

Neben unserem Radweg liegen Mahl-, Giras- und Elfenweiher, die von der intensiven Nutzung des Wassers in dieser Region zeugen. Auch die **Löffelmühle** erzählt mit ihrem eindrucksvollen Wasserrad aus dieser Zeit.

Die Wolfegger Ach begleitet uns auf dem teils sehr hügeligen Weg vorbei an Alttann und durch Witschwende, Bergatreute, Gwigg und Ankenreute nach Bad Waldsee.

Den Ortsrand von Bad Waldsee erreichen wir beim Neuen Friedhof. Hier lohnt sich ein Blick zurück, denn bei klarer Witterung können wir bis zu den **Alpen** sehen.

Bad Waldsee hat sich einen Namen als **Moorheilbad** und **Kneippkurort** gemacht. Die meisten Besucher kommen aber, um sich die wundervolle historische **Altstadt** mit ihrer einladenden Fußgängerzone anzusehen. Markant sind die hoch aufragenden Türme der Stiftskirche, zu deren Füßen wir perfekt erhaltene alte Häuser, viele davon mit Fachwerk, finden. Auch das **Wurzacher Tor**, das einst zur Stadtmauer gehörte, die um 1833 größtenteils abgerissen wurde, ist nicht zu übersehen. An dem Tor mussten die Händler „Torzoll" zahlen, bevor sie auf dem Markt ihre Waren anbieten durften.

Das Waldseer **3 Rathaus** wurde damals durch die Bürger selbst finanziert und bekam eine schöne Fassade spendiert. Neben dem Rathaus stehen das ehemalige Kornhaus und mehrere **Fachwerkhäuser**. Interessante Ausstellungen erwarten uns im Museum im Kornhaus, im Stadtmuseum und im **Zunfthaus Ölmühle**.

Ein perfekter Abschluss des Waldsee-Besuches ist der große **Stadtsee**, in dem sich die Silhouette der Stadt spiegelt. Hier können wir bestens flanieren und bei bester Aussicht einkehren.

Im Jahre 1930 wurde in Bad Waldsee Erwin Hymer geboren. Nachdem er eine Lehre als Werkzeugmacher abgeschlossen hatte, trat er in die Dienste des Flugzeugbauers Dorniers ein, wo er einen Kleinwagen entwickelte. Kurz darauf kehrte er nach Hause zurück und entwarf 1957 den ersten Caravan, genannt der „Ur-Troll". Auch das erste Wohnmobil 1971 ging auf seine Rechnung – damals hatte niemand den heutigen Camping-Boom vor Augen. Das 2011eröffnete **Erwin-Hymer- Museum** erzählt auf 6.000 qm die Entwicklung vom einfachen Camping bis zum „Glamping".

Früher Gletscher,
heute Naturschutzgebiet

In einem Bogen verlassen wir die Innenstadt von Bad Waldsee entlang der Hittisweiler Straße und folgen den Schildern des „Donau-Bodensee-Radwegs" durch ein Waldstück.

Der Radweg führt uns geradewegs durch das **Naherholungsgebiet Tannenbühl**. Hier gibt es einen Kletterpark, einen Spielplatz sowie ein Wildtiergehege mit Wildschweinen, Ziegen, Rehen, Hirschen und vielen anderen Waldbewohnern.

*Der Donau-Bodensee-Radweg leitet uns nach links durch Haisterkirch nach Osterhofen. Auf halbem Weg Richtung Ampfelbronn verlassen wir den Radweg und biegen rechts ab (**Wegepunkt ❻**) nach Eggmannsried und Unterschwarzach. Hier treffen wir auf den Oberschwaben-Allgäu-Radweg und folgen dem straßenbegleitenden Radweg an der B465 zurück nach Bad Wurzach. Mit einmal rechts Abbiegen erreichen wir das Ende der Tour am Bahnhof.*

Fast 18.000 qkm umfasst das 4 **Naturschutzgebiet Bad Wurzacher Ried**, um eines der größten Moorgebiete des Landes zu erhalten. Als die Gletscher sich zurückzogen, entstand ab etwa 10.000 v.Chr. diese einzigartige Landschaft, in der sich auch seltene Vogelarten und auch Ringelnattern wohl fühlen. Nach dem Zweiten Weltkrieg wurde im Ried Torf abgebaut, doch inzwischen hat man erkannt, wie wichtig Moore für die Rettung des Klimas sind, weshalb daher der Abbau verboten ist. Es gibt nur noch Relikte vergangener Zeiten am **Torfstecherweg**.

E-Bike Ladestationen an oder nahe der Route

Bike-energy,
Rosengarten 1, Bad Wurzach
Tulip Power,
Alttanner Straße 4, Wolfegg
EnBW,
Robert-Koch-Straße 52,
Bad Waldsee
REMO,
Badstraße 11, Bad Waldsee

Isny empfängt uns mit einer spannenden Mischung aus alt und modern

Tour 4

Länge 49 km

NICHT NUR FÜR KÄSE-FANS

Rundtour von Wangen im Allgäu über Eglofs und Isny

Es ist „nicht alles Käse" auf dieser Tour – ganz und gar nicht! Denn auch die „klassischen" Sehenswürdigkeiten machen diese Radrunde zu einem echten Erlebnis: Wangen und Isny sind ohne Frage zwei der schönsten Städte im Allgäu. Wir verbinden sie mit einer recht hügeligen Tour, wo wir die E-Bikes gut gebrauchen werden.

Was erwartet mich?

49 km, eine hügelige Tour mit mehreren kräftigen Anstiegen auf einem Mix von Straßen, asphaltierten Wirtschaftswegen, naturbelassenen Wegen und Pfaden – zum Teil beschildert als Radrunde Allgäu/Oberschwaben-Allgäu-Radweg und Bodensee-Königssee-Radweg.

Wie komm ich hin?

ÖPNV: Bahnhof Wangen

Mit dem Auto: P&R Bahnhof, Zeppelinstraße 45, Wangen im Allgäu

Was muss ich sehen?

1 Altstadt Wangen
2 Badstube Wangen
3 Rathaus Isny
4 Predigerbibliothek Isny

Wo tank ich auf?

Fidelisbäck, Paradiesstraße 3, Wangen
Badwirtschaft Malleichen, Malleichen 41, Gestratz-Malleichen
Gasthof Schwarzer Adler, Wassertorstraße 22, Isny
Käsküche Isny, Maierhöfener Straße 78, Isny

Kartentipp: **ADFC Regionalkarte Allgäu**

TOURSTART

Wir starten am Bahnhof von Wangen im Allgäu, den wir geradeaus über die Bahnhofstraße verlassen. An der Ampel rechts in die Gegenbaur- und geradeaus weiter auf der Klosterbergstraße, der wir durch die Kurve hindurch folgen. Wir befinden uns bereits auf der Radrunde Allgäu.

„In Wangen bleibt man hangen"

Der Stadtkern von Wangen gilt als einer der schönsten Süddeutschlands. Vorbei an 25 gurgelnden **Brunnen** entdecken wir die komplett unter Schutz stehende 1 **Altstadt**. In der **Schmiedstraße** waren einst Hammer-, Feilen-, Sensen-, Huf- und Nagelschmiede ansässig.

In der **Zunftstraße** gab es einst das Weberzunfthaus und in der **„Herrenstraße"** wohnten die „Herren der Stadt", also Bürgermeister, Adelige und Räte. Sie gilt mit den spätgotischen Fassaden als eine der schönsten Straßen Süddeutschlands.

Am Marktplatz erhebt sich die **Oberstadtkirche St. Martin**, deren Wurzeln bis ins 9. Jh. zurück reichen. Im Laufe der Zeit kamen z.B. 1385 der gotische Chor oder im 15. Jh. die Spitzfenster hinzu. Auf engstem Raum drängeln sich die Sehenswürdigkeiten: Die 6 m hohe Skulptur „Seelenmal" als Zeugnis des ehemaligen Friedhofs, Spitalkirche, Heilig-Geist-Spital und **Hinderofenhaus**, **St.-Martins-Apotheke**, St.-Martins-Tor (1608), **Ritterhaus** (1789), Kornhaus (1602) und Pulverturm. Nicht zu übersehen ist am Marktplatz das gotische **Rathaus**. Hinter der 1721 gestalteten Barockfassade verbergen sich ein barockes Treppenhaus und ein historischer Ratssaal. Auch die im 16. Jh. erbaute **Eselmühle** können wir uns ansehen. Hier sind das Heimatmuseum, das Museum für mechanische Musikinstrumente und das **Käsereimuseum** untergebracht. Im 500 Jahre alten **"Fidelisbäck"** trifft traditionelles Backhandwerk auf Lebensfreude und Soulfood.

Der Kopfwäschebrunnen – sehr eindeutig!

*Direkt vor der Brücke über die „Obere Argen" biegen wir links-rechts in den Weg namens „Argenufer" ab (**Wegepunkt ❶**).*

Der Weg am Argenufer entlang verläuft über Kopfsteinpflaster. Am Weg entdecken wir den **„Kopfwäschebrunnen"** vor einer urigen Hausfassade – es ist die alte 2 **Badstube** aus dem Jahre 1589. Sie war einst die Wirkungsstätte von Haar- und Bartscherern, zudem gab es Aderlass durch Schröpfen. In einem Kreuzgewölbe wird heute mit Zuber, Kupferkessel etc. gezeigt, wie die Körperpflege im Mittelalter von Statten ging.

Nur wenige Meter weiter am Argenufer erhebt sich der monumentale **Pulverturm**, während uns der „Taugenichts" als lebensechte Skulptur zuwinkt.

Nachdem wir unter der breiten B32 durchgefahren sind, beim Parkplatz links in den Scherrichmühlweg, der später eine lange Rechtskurve vollzieht und die Obere Argen überquert. Wir halten uns am Kreisverkehr links, dann folgen wir den Schildern der Radrunde Allgäu bzw. des Oberschwaben-Allgäu-Radwegs, die uns ansteigend und vorbei an Epplings, Lochhammer, Gießen, Aschen und Steinberg nach Eglofs bringt.

Eglofs empfängt uns mit einem einladenden Dorfplatz zu Füßen der 1765 erbauten barocken **Pfarrkirche St. Martin**, die noch über einen gotischen Turm verfügt. Unübersehbar ist das 1265 zum ersten Mal erwähnte **Schloss Syrgenstein**. Im 15./16. Jh. baute man es als Wohnschloss aus.

*Eglofs und die Radrunde Allgäu verlassen wir entlang der Alpgaustraße, wobei wir hinter der Grundschule rechts in den Weg abzweigen (**Wegepunkt ❷**). An der querenden B12 links und nach 200 m rechts. Wir treffen auf den Bodensee-Königssee-Radweg und folgen einem Weg namens „Eyb" nach links durch das Tal vorbei an Malleichen bis zur St 2378 in Zwirkenberg. Auf der Schulstraße verlassen wir die ausgeschilderte Radroute und fahren weiter geradeaus (**Wegepunkt ❸**) nach Gestratz.*

Noch etwas Käse für unsere weitere Tour?

In der **Badwirtschaft Malleichen** gibt es deftiges für den Magen. Wir finden eine urige Bauerngaststube und unter dicken Kastanien einen der größten Biergärten Bayerns. 1883 erwarb Alois Natterer das 1522 erstmals erwähnte Anwesen, um ein Mineralbad und eine Brauerei zu eröffnen. Der Badebetrieb wurde 1930 eingestellt, die Gastwirtschaft blieb bis heute.

*Gestratz durchrollen wir geradeaus auf dem Sennereiweg, der sogleich ansteigt. Bei den Höfen im Ort Horben zweigen wir links ab (**Wegepunkt ❹**) und rollen ein Stück hinunter. Am Querweg rechts und mit kräftigen Steigungen vorbei an mehreren landwirtschaftlichen Betrieben bis zur querenden Landstraße, der wir nach rechts folgen. Mit den Schildern der Radrunde Allgäu vor der B12 links (**Wegepunkt ❺**), dann über die Bundesstraße hinweg, rechts und an der Käsküche links-rechts ins Zentrum von Isny.*

Noch bevor wir die Innenstadt von Isny erreichen, liegt die **„Käsküche Isny"** am Wegesrand. „Mir machet unsren Käs selbscht" – dieses Motto ist hier Programm.

Um ein 1096 gegründetes Benediktinerkloster entwickelte sich eine Kleinstadt, die mit einer **Wehrmauer** umgeben wurde. Nicht nur diese blieb erhalten, sondern auch ein Großteil der barocken Gebäude. Das im 17. Jh. umgebaute **3 Rathaus** vereint drei Patrizierhäuser in sich und ist das schönste Haus der Stadt. Von hier ist es nicht weit zur Nikolaikirche. In deren Turm finden wir die **4 Predigerbibliothek**, die einzige unverändert erhaltene Prädikantenbücherei des Mittelalters. In den über 3 m hohen Regalen befinden sich mehr als 1.700 Schriften, unter ihnen Texte von Luther und Melanthon.

Wer die Höhe liebt, erkundet die gut erhaltene **Stadtmauer**, das Espantor, den Speicherturm, den **Wasserturm**, den Bläserturm auf dem Marktplatz und den 1402 erstmals erwähnten Diebesturm. Wesentlich umstrittener ist der **Neidhammelbrunnen**. Ein Mensch mit Hammelkopf spuckt hier auf das Glück der Anderen.

Vor den Toren der Stadt produziert der **Wohnmobil- und Caravanbauer Dethleffs** seit vielen Jahren echte

Reisemobilstellplätze an oder nahe der Route

Wohnmobilstellplatz Wangen, Südring, Wangen im Allgäu
Wohnmobilstellplatz Untere Mühle, Seidenstraße 41, Isny im Allgäu
Wohnmobilstellplatz am Dethleffs Werk, Weidachweg, Isny im Allgäu
Waldbad Camping Isny, Lohbauerstraße 56-59, Isny im Allgäu

E-Bike Ladestationen an oder nahe der Route

OEW Ladestation, Engelberg 29, Wangen
Free Locker for charger and batterie, Scherrichmühlenweg 14, Wangen
EnBW, Hafnergasse 1 und Bahnhofstraße 9, Wangen
Stadt Isny, Unterer Grabenweg 18, Isny

Camping-Träume. Schon 1931 wurde hier das erste „Wohnauto" erschaffen.

Die Innenstadt von Isny verlassen wir mit der Radrunde Allgäu entlang der Neutrauchburger Straße. Bei Halden zweigt der Radweg nach rechts ab, um nach einem Bogen wieder der Landesstraße zu folgen. Die Radrunde Allgäu bringt uns mit hügeligem Verlauf von Kreuzbühl nach Argenbühl.

Direkt am Weg liegt das 1778 für die Grafen von Waldburg-Zeil-Trauchburg errichtete **Schloss Neutrauchburg**. Der **heilklimatische Kurort** Neutrauchburg ist bekannt für seine Kliniken, in der verschiedenste Reha-Maßnahmen angeboten werden.

*Die Radrunde Allgäu folgt dem Verlauf der Eglofser Straße aus Argenbühl hinaus. Kurz darauf entdecken wir mitten in den Feldern rechts einen Bauernhof. Hier verlassen wir die Radroute auf den Allgäu-Radweg, zweigen rechts ab (**Wegepunkt ❻**) und beim Unternehmen Frosty Snack links.*

In Gedenken ans Kinderfest von Isny

Tiefkühlware einmal anders: Bei Frosty Snack werden aus regionalen Rohstoffen nachhaltige Leckereien wie **Alpenpizza**, Flammkuchen, oder **Allgäuer Seelen** hergestellt.

*Der Weg schlängelt sich rasant hinunter nach (rechts, **Wegepunkt ❼**) Gießen. Hier treffen wir wieder auf die Strecke, die wir auf dem Hinweg nahmen. Dafür folgen wir den Schildern der Radrunde Allgäu bzw. des Oberschwaben-Allgäu-Radwegs via Lochhammer und Epplings nach Wangen, wo die Tour am Bahnhof endet.*

Wenn die Akkus noch gefüllt sind, können wir vor Ende der Radrunde in den Ortsteil **Schwarzenberg** kurbeln und eine tolle Aussicht genießen.

Weiler fügt sich nahtlos in die Voralpenlandschaft ein

Tour 5

Länge 46 km

BAHNTRASSENGLEITEN ZUM TOP-KURORT

Rundtour von Oberstaufen über Weiler-Simmerberg und Lindenberg

Bei der Klassifikation deutscher Kurorte wird Oberstaufen seit 1991 in der höchsten Kategorie geführt. Die Gäste kommen immer wieder gerne in den 791 m hoch gelegen Ort, der von den Bergriesen der Nagelfluhkette eingerahmt wird. In diesem einzigartigen Panorama drehen wir eine Rad-Runde, die unsere Akkus herausfordern wird.

Was erwartet mich?

46 km, eine hügelige Tour mit zwei kräftigen Anstiegen auf einem Mix von Straßen, asphaltierten Wirtschaftswegen, naturbelassenen Wegen und Pfaden – zum Teil beschildert als Bodensee-Königssee-Radweg und Radrunde Allgäu.

Wie komm ich hin?

ÖPNV: Bahnhof Oberstaufen
Mit dem Auto: Parkplatz Bahnhof P2, Rainwaldstraße 5, Oberstaufen

Was muss ich sehen?

1 Pfarrkirche St. Peter und Paul
2 Rathaus Weiler
3 Westallgäuer Heimatmuseum
4 Scheidegger Wasserfälle

Wo tank ich auf?

Blaues Haus, Freibadweg 2, Oberstaufen
Zwisler GmbH Bergbäckerei, Hauptstraße 25, Stiefenhofen
Bräustatt und Taferne, Ellhofer Straße 2, Weiler-Simmerberg
Bäckerei Schwarz, Hauptstraße 28, Lindenberg

Kartentipp: **ADFC Regionalkarte Allgäu**

TOURSTART

Wir starten am Bahnhof von Oberstaufen, den wir nach rechts über den Bahnhofsplatz verlassen, um an der nächsten Weggabelung geradeaus auf dieser Seite der Schienen zu bleiben. Dem Verlauf der Gleise folgen wir ein gutes Stück.

Aus dem beliebten Urlaubsort Oberstaufen...

Im Jahre 868 ist in einer Urkunde des Klosters St. Gallen von einem „Stoufun" die Rede. Aus dem damals schon existierenden Ort entwickelte sich einer der bekanntesten Urlaubsorte des Allgäus. Oberstaufen wurde bereits Ende des 19. Jhds. zum Luftkurort, seit 1969 gilt der Titel **heilklimatischer Kurort**. Der Kurarzt Herman Borsig bot ab 1949 **Schrothsche Heilkuren** an.

Eingebettet ist der Ort in die **Nagelfluhkette**, die als Landschaftsschutzgebiet ausgewiesen wurde und nahtlos übergeht in die Hochgratkette, die den Nordrand der Allgäuer Alpen bis ins österreichische Vorarlberg formt. Bis zu 1.834 m ragen die Bergriesen in den Himmel!

Im Jahre 1328 als Kollegialstift gegründet, wurde die **1 Pfarrkirche St. Peter und Paul** 1865 geweiht. Ein Blick nach oben lohnt sich, um die Deckenmalerei und die neogotische Kanzel auf sich wirken zu lassen.

In einem historischen Bauernhaus des 18. Jhds. wurde das **„Heimatmuseum beim Strumpfar"** eingerichtet. Spinnrad, Wollhaspel und Zwirnmühle im Innern verraten uns, dass der Name des Hauses daher stammt, dass bis 1923 hier einst die „Strumpfwirker" tätig waren und deren Strümpfe im Haus verkauft wurden.

Ein phantastisches Naturerlebnis bieten die **Buchenegger Wasserfälle**. Sie liegen außerhalb des Ortes und sollten besser mit einer Wanderung per Pedes erkundet werden.

*Unser Weg trifft auf einen Parkplatz (**Wegepunkt ❶**), den wir „links liegen lassen". Mit der Argenstraße geht es unter der Brücke her und raus aus dem Ort. Hier sind* *wir bereits auf dem Bodensee-Königssee-Radweg, dessen Schilder uns vorbei an Genhofen und Ranzenried nach Stiefenhofen begleiten.*

Die **Stephanskapelle** von Genhofen lockt zu einem kurzen Stopp, denn im Innern verbirgt sie wahre Kostbarkeiten aus der Zeit der Spätgotik, darunter drei Flügelaltäre.

Köstlichkeiten hingegen erwarten uns in Stiefenhofen: Es gibt einen **Kräuterlandhof**, eine Kräuterküche und Führungen, bei denen wir vieles über die Wirkung von Kräutern erfahren.

*Bei den ersten Häusern von Stiefenhofen biegen wir links in den Kirchholzweg ein (**Wegepunkt ❷**), der nun als Radrunde Allgäu ausgeschildert ist. Es geht kräftig hinauf, dann – abgesehen von einem Hügel – entspannt zu Tal.*

Hinter Stiefenhofen haben wir den **höchsten Punkt der Tour** erreicht – immerhin 868 m hoch sind wir hier.

... führt eine Wanderung zu den Buchenegger Wasserfällen

*Hinter Isenbretshofen folgen wir weiter der Radrunde Allgäu nach rechts (**Wegepunkt ❸**). Burkatshofen und Nagelshub liegen auf dem Weg nach Simmerberg. Dahinter geht es leider auf der Straße – aber immerhin mit Gefälle – hinunter nach Weiler.*

Im Jahre 1968 wurden die beiden bis dahin eigenständigen Gemeinden Simmerberg und Weiler im Allgäu zusammengefasst. Schmuckstück ist das farbenfroh gestaltete [2] **Rathaus** in Weiler. 1681 wurde es als Amtshaus erbaut, bevor es später als Gaststätte, Tanzlokal und Landwirtschaftlicher Betrieb genutzt wurde. 1922 erwarb die Gemeinde das Gebäude, um hier das Rathaus einzurichten. Gleich nebenan steht die **Pfarrkirche St. Blasius** mit einer wertvollen Innenausstattung und nur wenige Meter weiter können wir uns im [3] **Westallgäuer Heimatmuseum** über die Historie der Region informieren. Spannend sind die Alltagsgegenstände, die wir hier auf vier Etagen präsentiert

bekommen. Ein „Ableger" ist das Kornhaus-Museum, welches der Heimatverein für Seminare und Ausstellungen nutzt. Der **Kornspeicher** wurde 1791 erbaut, um die Bürger auch in Notzeiten mit Lebensmitteln versorgen zu können.

*Die Radrunde Allgäu führt uns durch Weiler, biegt am Ende des Ortes rechts in die Scheidegger Straße ab und nach ca. 400 m links (**Wegepunkt ❹**). Nun heißt es gut durchatmen und die E-Motoren an, denn es geht bis Scheidegg mächtig den Berg hinauf.*

Atemberaubend schön: die Scheidegger Wasserfälle

Auch Markt Scheidegg hat sich zu einem sehr beliebten Urlaubsort entwickelt, was nicht zuletzt am Status eines Kneipp- und heilklimatischen Kurortes liegt. Malerisch spiegelt sich das Kurhaus im angrenzenden Teich des Kurparks. Die Ortsmitte liegt auf 804 m Höhe, und der Turm der **Pfarrkirche St. Gallus** ragt noch einmal weiter in den Himmel. Überhaupt sind wir in einer sehr religiösen Region unterwegs, was wir an 13 Kapellen erkennen können, die es allein auf Scheidegger Territorium gibt. Etwas „Beistand von oben" wünschen sich vermutlich auch die Besucher des Skywalk Allgäu, der abseits des Ortes liegt und für Adrenalinschübe sorgt.

*In Scheidegg ist die Steigung geschafft. Im Ort biegen wir rechts in die Straße Rathausplatz ein (**Wegepunkt ❺**), die bereits Gefälle hat.*

Ebenfalls außerhalb des Ortes liegen die **4 Scheidegger Wasserfälle**, bei denen das Wasser über 22 bzw. 18 m hohe Stufen in die Tiefe stürzt. Der Obere Wasserfall ist besonders spektakulär, denn hier können wir hinter der Wasserwand entlang laufen. Allerdings erst, nachdem wir selbst 200 Stufen erklommen haben. Auch die Hasenreuther Wasserfälle und der **Rickenbacher Tobel** liegen nicht weit entfernt. Letzterer ist eine bis zu 50 m tiefe Schlucht, in der sogar Orchideen wachsen.

*Am Kreisel (**Wegepunkt ❻**) geradeaus und am Anfang des Gewerbegebiets links, dann lotsen uns die Schilder der Radrunde Allgäu mit mehrfachem Abbiegen durch Lindenberg.*

Die Ortsmitte von Lindenberg liegt etwas rechts von unserer Tour. Ein kleiner Abstecher lohnt sich, denn hier finden wir das hellrot getünchte **Rathaus** und das **Deutsche Hutmuseum**. Stilecht in einer alten Hutfabrik werden uns Geräte zum Herstellen von Hüten und natürlich wunderbare Exponate präsentiert.

*Die Hauptstraße von Lindenberg überqueren wir geradeaus (**Wegepunkt ❼**) und gelangen auf die ehemalige Bahntrasse, die uns autofrei nach Oberhäuser geleitet.*

„Über dem heiligen Haus", also oberhalb der **Kirche**, so dürfte der Ortsname von Oberhäuser entstanden sein.

*Von der Bahnhofstraße biegen wir links ab, unterqueren die Gleise und radeln direkt hinter der Unterführung schräg rechts. An der Querstraße links (**Wegepunkt ❽**) und durch die enge Kurve den Berg hinauf nach Rentershofen. Es geht nochmals ordentlich bergauf – auch hinter Röthenbach dauert die Steigung an.*

Toll anzusehen ist das **ehemalige Kleinbauernhaus** in Rentershofen – kaum zu glauben, dass diese Holzfassade über die Jahrhunderte so gut erhalten werden konnte.

In Röthenbach unterhielten die Römer eine Art Turm, der seinerzeit mit einigen Kastellen die Grenze nach Norden sichern sollte. In den verwinkelten Straßen können wir die **Pfarrkirche St. Martin** ansteuern, die uns mit einem luftigen Innenraum empfängt.

*Den Schildern des Bodensee-Königssee-Radwegs folgend kurbeln wir via Schönau, Heimhofen und Rutzhofen nach Stiefenhofen. Von hier aus ist es ganz einfach, denn wir kennen die Strecke des Bodensee-Königssee-Radwegs bereits, die uns links (**Wegepunkt ❷**) zurück nach Oberstaufen führt. Hier endet die Runde am Bahnhof.*

Der **Bodensee-Königssee-Radweg** ist genau richtig für uns E-Biker. Insgesamt 4.800 Höhenmeter werden auf der 453 km langen Strecke erklommen.

Reisemobilstellplätze an oder nahe der Route

Wohnmobilstellplatz Thalkirchdorf, Kirchdorfer Straße 30, Oberstaufen-Thalkirchdorf

Wohnmobilstellplatz Hochgratblick, Im Dorf 37, Oberstaufen-Steibis

Camping-Aach, Aach 1, Oberstaufen-Aach

Wohnmobilstellplatz Lindenberg, Austraße 23-25, Lindenberg

Campingplatz Alpenblick, Schreckenmanklitz 18, Weiler-Simmerberg

E-Bike Ladestationen an oder nahe der Route

Oberstaufen Tourismus Marketing GmbH, Hugo-von-Königsegg-Straße 6, Oberstaufen

Kurpark Scheidegg, Am Hammerweiher 1, Scheidegg

Urlaub mit allen Sinnen am Großen Albsee

Tour 6

Länge 45 km

EINE DER SCHÖNSTEN ETAPPEN DES „BO-KÖ"

Streckentour von Röthenbach über Immenstadt nach Oberdorf

Das Allgäu wird von Fernradwegen durchzogen. Der Bodensee-Königssee-Radweg ist einer der spektakulärsten, weil er fast zu jedem Zeitpunkt den Blick auf das Alpen-Panorama freigibt. Auf diesem Teilstück gibt's als Zugabe eine Passage am Großen Alpsee entlang. Längs der Alpen radeln klingt anstrengend, doch genau dafür haben wir ja unsere E-Bikes.

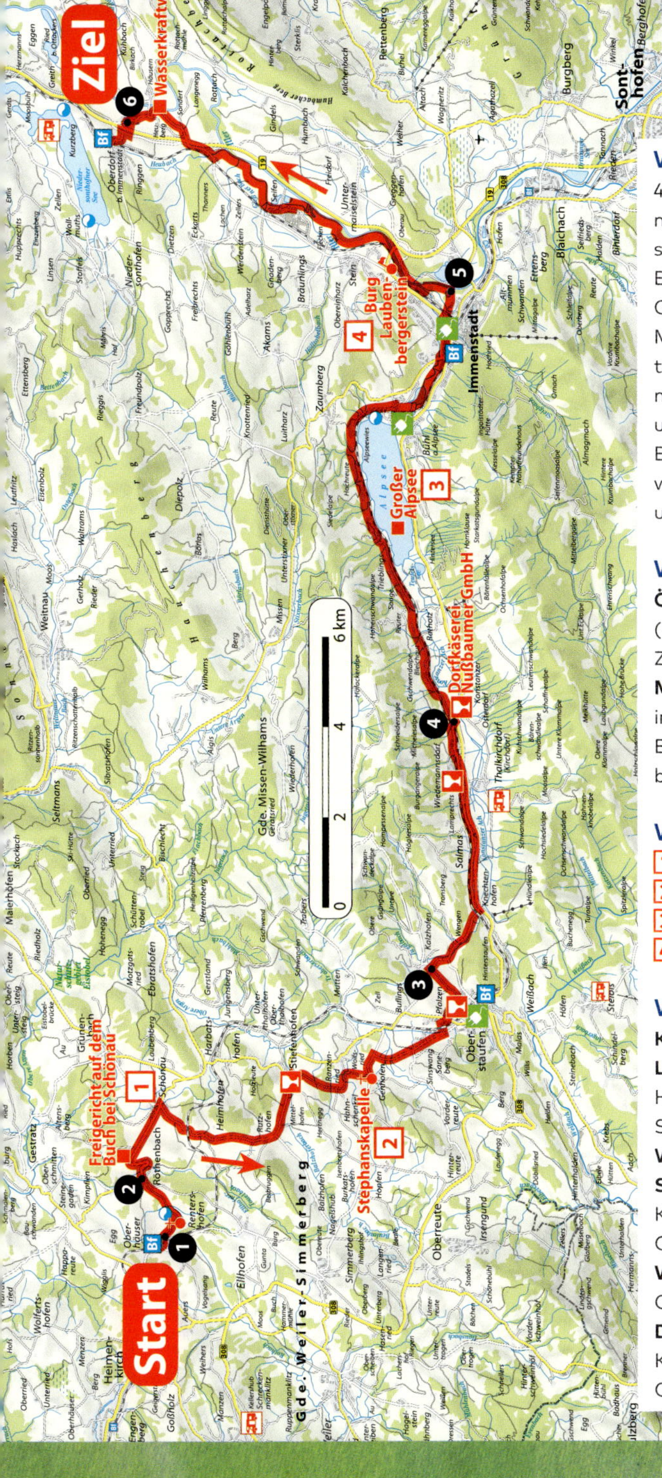

Was erwartet mich?

45 km, eine hügelige Tour mit einer längeren und sehr kräftigen Steigung zu Beginn und mehreren kurzen Gefällstrecken auf einem Mix von Straßen, asphaltierten Wirtschaftswegen, naturbelassenen Wegen und Pfaden – beschildert als Bodensee-Königssee-Radweg bzw. Radrunde Allgäu und Iller-Radweg.

Wie komm ich hin?

ÖPNV: Start: Röthenbach (-Oberhäuser)
Ziel: Bahnhof Oberdorf
Mit dem Auto: Parkplatz in Oberhäuser, gegenüber Bahnhofsstraße 1, Röthenbach-Oberhäuser

Was muss ich sehen?

1 Freigericht bei Schönau
2 Stephanskapelle
3 Großer Alpsee
4 Burg Laubenbergerstein

Wo tank ich auf?

Kräuterwirt Rössle Landgasthof Hotel, Hauptstraße 14, Stiefenhofen
Wirtshaus beim Strumpfar, Kalzhofer Straße 13-15, Oberstaufen
Webstüble, Salzstraße 7-11, Oberstaufen-Thalkirchen
Dorfkäserei Nußbaumer, Konstanzer 1, Oberstaufen-Konstanzer

TOURSTART

*Wir starten am Bahnhof von Röthenbach-Oberhäuser, den wir nach links über die Bahnhofstraße verlassen, um kurz darauf die Schienen nach links zu unterqueren. Direkt hinter der Unterführung schräg rechts und an der Straße Rentershofen nach links (**Wegepunkt ❶**).*

Im Ort Rentershofen liegt der historische **Gasthof Adler** direkt am Wegesrand und etwas nach rechts die kleine **Kapelle Rentershofen**. Das schöne Altarbild füllt fast die ganze Stirnseite des Gotteshauses.

*Hinter dem Freibad von Rentershofen geht es schon merklich bergauf nach Röthenbach. Hier treffen wir auf den Bodensee-Königssee-Radweg und biegen rechts in die Kemptener Straße (**Wegepunkt ❷**), die mit zwei engen Kurven ansteigt. Es kommt eine kurze, flache Passage, dann eine sehr kräftige Steigung via Schönau, Heimhofen und Rutzhofen nach Stiefenhofen.*

Am Freigericht wurde einst über die Bauern gerichtet

Am Ortsausgang von Röthenbach entdecken wir in der Kurve das **1 Freigericht auf dem Buch bei Schönau**. Dies tagte bis 1806 und beschäftigte sich über viele Jahrhunderte mit Verfehlungen der Freien Bauern, die zur Grafschaft Eglofs gehörten. Das Gericht tagte unter freiem Himmel – wenn es aber regnete zog man sich ins Schönauer Wirtshaus zurück.

Die Aussicht wird stetig besser, denn wir kurbeln bis 837 m hinauf und erreichen bei Rutzhofen den höchsten Punkt unserer Radrunde.

Durch die farbenfrohen Fensterläden fällt der „Kräuterwirt Rössle Gasthof Hotel" ins Auge. In dem blühenden Garten wachsen selbstverständlich auch verschiedene Kräuter.

Der Bodensee-Königssee-Radweg verläuft parallel zur Radrunde Allgäu und bringt uns durch Genhofen nach Oberstaufen.

In Genhofen legten vermutlich die Römer um 250 n.Chr. die erste Straße an, über die im Mittalter das „Weiße Gold" (Salz) transportiert wurde. Damit die Fracht auch sicher den steilen „Hahnschenkel" hinaufkam, wurde ein Gebet gesprochen, wofür die **2 Stephanskapelle** erbaut wurde. Den Innenraum zieren die Figuren des heiligen Christopherus und des Apostel Jakobus dem Älteren, beides Patrone der Reisenden.

In der Stephanskapelle wird für eine sichere Reise gebetet

Die vielen Hufeisen auf der Tür zur Sakristei zeugen davon, dass die Reisenden wohl „auf Nummer sicher" gehen wollten.

Den Highlights von **Oberstaufen** haben wir uns bereits bei **Tour 5** gewidmet.

*Entlang der Kalthofer Straße radeln wir aus Oberstaufen heraus, wobei uns die Schilder der Radrunde Allgäu bzw. des Bodensee-Königssee-Radwegs in Kalzhofen auffordern, rechts in die Klosterstraße abzubiegen (**Wegepunkt ❸**).*

Wanderwege schlängeln sich neben unserem Weg auf schwindelnde Höhen, wie z.B. auf die **Kalzhofener Höhe** mit atemberaubenden Fernsichten.

Es geht entspannt bergab, bis wir links abbiegen und uns zwischen Bahn und B308 bewegen. So geht es durch Thalkirchdorf.

„Handarbeit made im Allgäu" gibt es in Thalkirchdorf bei der **Allgäuer Teppichmanufaktur**. Schon 1927 gründete Albert Hense hier eine Weberei, um den Nachbarn Arbeit bieten zu können. Das Unternehmen begann mit drei Webstühlen und blieb bis heute in Familienhand. Wenn der Teppich zu schwer ist für die Satteltaschen,

Reisemobilstellplätze an oder nahe der Route

Wohnmobilstellplatz Thalkirchdorf, Kirchdorfer Straße 30, Oberstaufen-Thalkirchdorf
Wohnmobilstellplatz Hochgratblick, Im Dorf 37, Oberstaufen-Steibis
Campingplatz Alpenblick, Schreckenmanklitz 18, Weiler-Simmerberg
Insel Camping am See, Insel 32-34, Waltenhofen

E-Bike Ladestationen an oder nahe der Route

Oberstaufen Tourismus Marketing GmbH, Hugo-von-Königsegg-Straße 6, Oberstaufen
E-Bike Ladestationen, Seestraße 10, Immenstadt-Bühl
E-Bike Ladestationen, Klosterplatz 11, Immenstadt

Hoch über unseren Köpfen thront Ruine Lauenbergstein

kehren wir im Webstüble ein und widmen uns den Gaumenfreuden.

*Der Radweg folgt erst der Salzstraße, dann links dem Moosweg (**Wegepunkt ❹**) hinaus aus Thalkirchdorf. Nun verabschiedet sich die lärmende Straße und wir erreichen den Großen Alpsee, dessen Ufer wir bis Bühl folgen.*

Bevor wir uns aus Thalkirchen verabschieden, kehren wir bei der **Dorfkäserei Nußbaumer GmbH** im Örtchen Konstanzer ein. Die können wir gar nicht übersehen, denn vor dem schmucken Konstanzer Hof „grasen" mehrere farbenfroh gestaltete Rinder. Der Hofladen hält nicht nur Käse, sondern auch Obst, Wein und viele andere Leckereien bereit.

Neben uns glitzert der 250 ha bedeckende **3 Große Alpsee**, der sich früher weiter Richtung Westen zog, wovon der 4,6 ha große Teufelssee zeugt. Perfekte Winde machen den Großen Alpsee zu einem Mekka der Segler und Surfer, aber auch Badegäste können an vielen Stellen ins kühle Nass springen. Um die einzigartige Flora und Fauna zu erhalten, wurde ein erheblicher Teil des Tals bis hin zum **Kleinen Alpsee** unter Naturschutz gestellt.

Die Radrunde Allgäu bzw. der Bodensee-Königssee-Radweg geleiten uns zwischen den beiden Alpseen und an Großparkplätzen vorbei nach Immenstadt.

Der sehenswerten City von **Immenstadt** werden wir uns noch bei **Tour 7** widmen.

*Vom Klostergarten in Immenstadt am Kreisverkehr geradeaus auf die Salzstraße und links vor den Schienen her. Bei nächster Gelegenheit rechts durch den kleinen Tunnel und geradeaus auf dem Hochraineweg. Dieser schlängelt sich an Schule und Sportstätten vorbei zur Iller, deren Radweg wir nach links (**Wegepunkt ❺**) folgen.*

Links über uns thront die Ruine von **4 Burg Laubenbergerstein**. Die Höhenburg wurde vermutlich im 12. Jh. an dieser strategisch wichtigen Stelle über einer Zollstation und einer Furth durch Iller errichtet. Ein Schild mahnt, dass das Betreten der Ruine verboten ist. Aufstieg per Pedes lohnt sich aber, um die Reste

Eine Abkühlung vor der Weiterfahrt?

des Wohnturms und die Aussicht über die Iller hinweg auf den Wipfel des Grünten zu genießen.

Vorbei an dem Ort Bräunlings geht es nochmals etwas bergauf, bevor wir die B19 unterqueren. Dahinter weiter auf der kleinen Straße hinunter zum Illerufer auf dem Sonderter Weg. Dieser bringt uns auch hinauf nach Martinszell, wo wir geradeaus auf der Illerstraße kurbeln.

Nachdem wir die Bundesstraße unterquert haben, kehren wir kurz an die Iller zurück, die an dieser Stelle über ein Stauwehr in die Tiefe stürzt. Mit einem **Wasserkraftwerk** wird hier saubere Energie gewonnen.

*Kurz hinter der Kirche zweigen wir links von der Illerstraße ab (**Wegepunkt 6**). Am besten legen wir die „Schiebehilfe" an den E-Bikes ein, denn es geht steil in engen Serpentinen nach oben. Dort an der Hauptstraße rechts und im Kreisel links. Wenn wir im Ort nun rechts in die Oberdorfer Bahnhofstraße abzweigen beenden wir diese Streckentour am Bahnhof.*

In Bahnhofsnähe liegt der Badebereich des **Oberinselsees**. Ganz unermüdliche drehen noch eine Runde um den **Niedersonthofener See**, der weitere Badestrände und zwei Campingplätze bereithält.

Stille am Auwaldsee

Tour 7
Länge 50 km

WASSERREICHE RADRUNDE

Rundtour von Oberstdorf über Sonthofen und Immenstadt

Zu Füßen der mächtigen Alpenriesen funkeln zahlreiche Seen. Bei dieser Tour rollen wir auf besten Radwegen entlang der Iller und entdecken gleich mehrere große und kleine Seen, die bei schönem Wetter zum Picknick und vielleicht zum Sprung ins kühle Nass einladen.

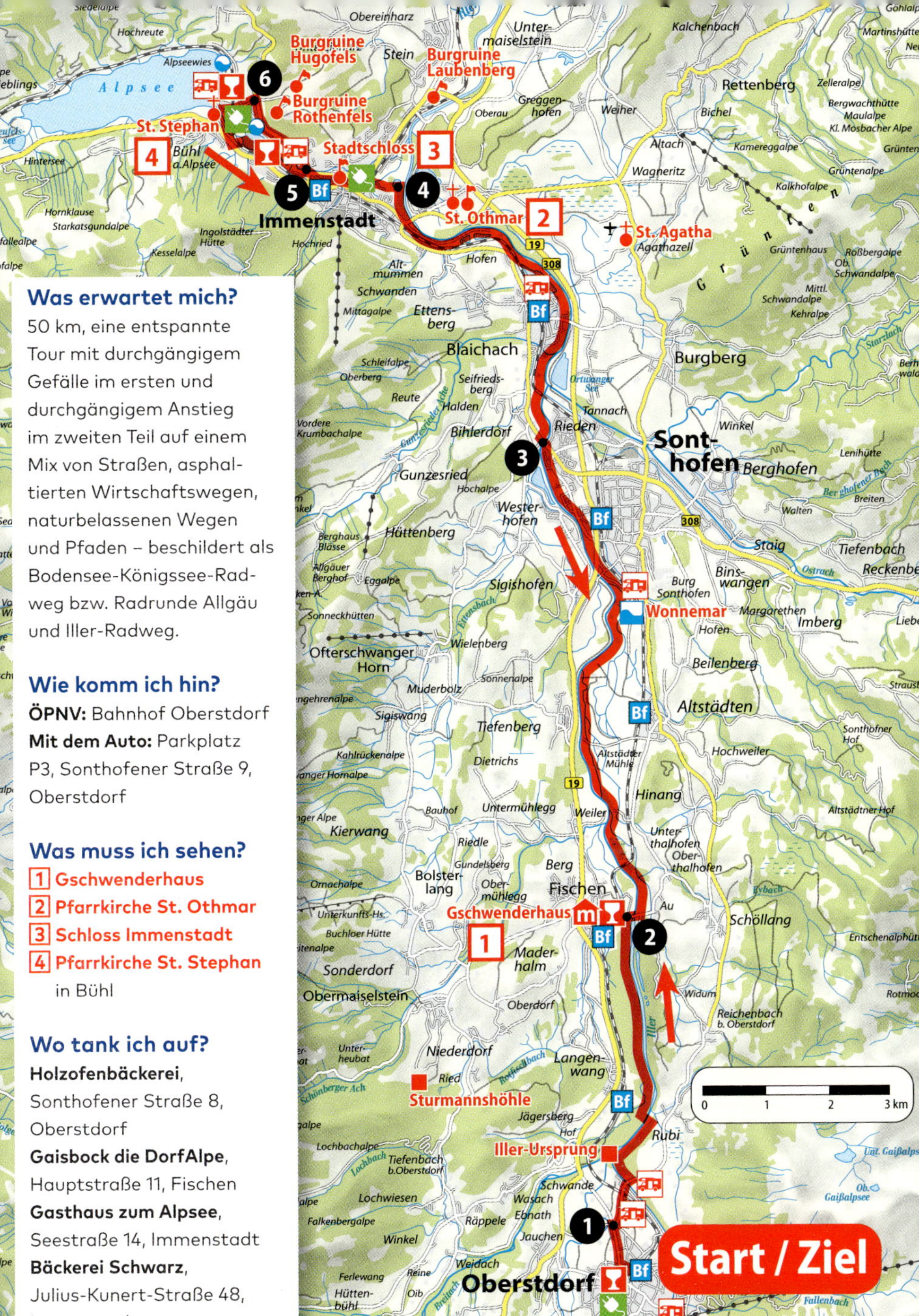

Was erwartet mich?

50 km, eine entspannte Tour mit durchgängigem Gefälle im ersten und durchgängigem Anstieg im zweiten Teil auf einem Mix von Straßen, asphaltierten Wirtschaftswegen, naturbelassenen Wegen und Pfaden – beschildert als Bodensee-Königssee-Radweg bzw. Radrunde Allgäu und Iller-Radweg.

Wie komm ich hin?

ÖPNV: Bahnhof Oberstdorf
Mit dem Auto: Parkplatz P3, Sonthofener Straße 9, Oberstdorf

Was muss ich sehen?

1 Gschwenderhaus
2 Pfarrkirche St. Othmar
3 Schloss Immenstadt
4 Pfarrkirche St. Stephan in Bühl

Wo tank ich auf?

Holzofenbäckerei, Sonthofener Straße 8, Oberstdorf
Gaisbock die DorfAlpe, Hauptstraße 11, Fischen
Gasthaus zum Alpsee, Seestraße 14, Immenstadt
Bäckerei Schwarz, Julius-Kunert-Straße 48, Immenstadt

Kartentipp: **ADFC Regionalkarte Allgäu**

TOURSTART

Wir starten am Bahnhof von Oberstdorf direkt auf dem Iller-Radweg und fahren geradeaus über die Poststraße am Parkplatz entlang, um am Kreisverkehr rechts in die Sonthofener Straße einzubiegen

Informationen über den Ort finden Sie im **Ortsporträt Oberstdorf** (siehe S. 62).

*Dem straßenbegleitenden Radweg folgen wir bis zum nächsten Kreisel, verlassen den Iller-Radweg für ein kurzes Stück, um dort rechts in die Rubinger Straße abzubiegen (**Wegepunkt ❶**). Direkt hinter der Brücke über die Trettach zweigen wir beim Tennisplatz links ab, treffen auf die Iller und folgen ihr nach rechts bis zur nächsten Brücke.*

Die Flüsse Trettach und Breitach vereinigen sich direkt neben uns und bilden den **„Iller-Ursprung"**. Hoch über den Ort fügt sich das **Rubihorn** mit 1.957 m Höhe in die Reihe der Bergriesen ein.

Auf der anderen Seite der Brücke folgt der Iller-Radweg genau dem Verlaufe des Flusses und sorgt für beste Radel-Bedingungen.

Über den heilklimatischen Kurort Fischen erfahren wir vieles im **1 Gschwenderhaus** aus dem 17. Jh.mit seinem **Heimathaus**, das zugleich Skimuseum ist. Nicht weit entfernt steht eine mehr als 400 Jahre alte **Sägemühle**, die zu Vorführungen in Betrieb genommen wird.

Oberhalb von Fischen befindet sich die sogenannte **Sturmannshöhle** auf einer Höhe von 978 m. Erst 1904 schaffte es ein ortsansässiger Lehrer, die Höhle bis zu einem See zu erkunden. Später wurden Treppen und Beleuchtungen eingebaut, so dass wir einen Teil der Höhle erkunden können.

*Die Traumstrecke wechselt bei Fischen im Allgäu die Uferseite (**Wegepunkt ❷**) und führt uns weiter an der Iller entlang nach Sonthofen, das uns mit dem Abenteuerbad Wonnemar empfängt.*

Mehr zu **Sonthofen** erfahren wir bei **Tour 9**.

*Wir folgen den Schildern des Iller-Radwegs über die Brücke (**Wegepunkt ❸**) nach Bihlerdorf und weiter am Ufer entlang.*

In Fischen gibt es alles für einen idealen Urlaub

Etwas abseits liegt Agathazell mit der kleinen **Agathakapelle**, die Wandmalereien aus dem 15. Jh. beherbergt. Das zunächst vielleicht befremdlich wirkende Gemälde im Altar hat einen tiefen Hintergrund: Agatha, die um 250 starb, wurde wegen ihres christlichen Glaubens gefoltert. Dabei wurden ihr die Brüste abgeschnitten und der Körper auf Scherben und Kohlen gewälzt. Sie war Sizilianerin und ilhr Sarkophag soll einst einen Ätna-Lavastrom aufgehalten haben. Mehr also Grund genug, sie heilig zu sprechen und sie zur Schutzpatronin gegen Feuer zu verehren.

Allmählich wird deutlich, warum der Tourtitel so gewählt wurde: Direkt am Wegesrand liegen zunächst der **Weldachsee**, dann mehrere **Baggerseen**, die zum Baden oder zum Wasserskifahren einladen. Auch der Auwaldsee funkelt neben uns.

Die 2 **Pfarrkirche St. Othmar** von Rauhenzell gilt als eine der schönsten der Region, was vor allem an den drei Altären und der Holzdecke im Innenraum liegt. Mit seinem **Schloss** hält der kleine Ort Rauhenzell gleich noch ein Highlight bereit. Die Herren von Lauberberg waren die ersten, die sich 1555 an dieser Stelle ein Domizil errichten ließen.

*Beim Auwaldsee (**Wegepunkt 4**) verlassen wir den Iller-Radweg und folgen den Schildern des Bodensee-Königssee-Radwegs, der uns durch Immenstadt lotst.*

Reisemobilstellplätze an oder nahe der Route

Wohnmobilplatz Oberstdorf, Hermann-von-Barth-Straße 9, Oberstdorf
Rubi-Camp, Rubinger Straße 34, Oberstdorf
Camping Oberstdorf, Rubinger Straße 16, Oberstdorf
Wohnmobilstellplatz Sonthofen, Sinwagstraße 3-1, Sonthofen
Alpen-Rundblick, Am Eichbichl 1, Blaichach
Wohnmobilstellplatz am Viehmarktplatz, Badeweg / Viehmarktplatz, Immenstadt
Alpsee Wellness Camping, Seestraße 25, Immenstadt

E-Bike Ladestationen an oder nahe der Route

E-Bike Ladestationen an den Kurbetrieben Oberstdorf, Prinzregentenplatz 1, Oberstdorf
E-Bike Ladestationen Moorbad, Am Rauhen 3, Oberstdorf
E-Bike Ladestationen, Klosterplatz 11, Immenstadt
E-Bike Ladestationen, Seestraße 10, Immenstadt-Bühl

In der City von Immenstadt gibt es viel zu entdecken: Hier hatten lange Zeit die Herren von Schellenberg, später die Grafen von Montfort, dann die Grafen von Königsegg das Sagen. Sie ließen sich mit Hugofels, Rothenfels und Laubenberg ab dem 12. Jh. gleich **drei Burgen** bauen, die heute leider alle Ruinen sind.

Besser erhalten ist das 3 **Schloss** mit seinem Rittersaal, das sich die Königsegger Adeligen 1550 am Markt bauen ließen. Gleich davor lädt der Marienplatz mit der 1773 gestalteten **Mariensäule** zum Verweilen ein. Von hier blicken wir auf prachtvolle historische Häuser, das 1649 erbaute **Rathaus** und die barocke Nikolai-Kirche. Unweit des Schlosses steht am Klosterplatz die **Kapuzinerklosterkirche** St. Joseph, die 1903 verändert wurde.

Im **Heimatmuseum** erfahren wir alles Wichtige über Immenstadt, auch darüber, dass von hier einst die Stammflöße auf der Iller nach Kempten transportiert wurden, bis diese Arbeit durch die neue Eisenbahnverbindung übernommen wurde. Zu sehen gibt es auch Ritterrüstungen, alte Motorräder und ein „Alpseebad historisch".

Wenn wir am 3. Samstag im September hier sind, können wir der **Viehscheid** beiwohnen. Zeitgleich findet der **Berglerball** statt, auf dem auch der Bartkönig gewählt wird. Es kann aber nicht Jeder (-Mann) antreten: Nur bei den Sennern wird begutachtet, wer sich im Sommer den schönsten Bart wachsen ließ.

*Immenstadt verlassen wir mit einer merklichen Steigung ab dem Kreisverkehr (**Wegepunkt 5**) nach rechts auf der Missener Straße, die uns einen Radweg gönnt. Nachdem wir den Parkplatz passiert haben, zweigen wir an der nächsten Kreuzung links ab in „In den Hub" (**Wegepunkt 6**) und erreichen das Alpseeufer in Bühl.*

Hier am Ausflugszentrum des **Alpsees** werden wir nicht die einzigen Gäste sein. Es gibt aber auch sehr viel zu unternehmen: Es gibt den Kur- und Landschaftspark, mehrere Biergärten sowie Musikpavillon, Bootshafen, Campingplatz, den schönen Ort Bühl und vieles mehr. Die Kinder können sich auf dem riesigen Abenteuerspielplatz oder dem Minigolfplatz austoben, während sich die Eltern in der Kerzenzieherei informieren, Wachswaren kaufen oder sich an Kaffee, Kuchen, Eis oder Herzhaftem laben.

Tour 7

In Bühl gibt es nicht „nur" den Alpsee...

Aber auch die Kultur kommt nicht zu kurz: Seit dem 14. Jh. pilgern Gläubige zur **Kapelle St. Loreto** und zur **4 Pfarrkirche St. Stephan**. Letztere beherbergt in der Heiliggrabkapelle einen Holznachbau des Heiligen Grabes in Jerusalem. Auf allen sechs Seiten finden wir eindrucksvolle Gemälde, die vermutlich aus dem 18. Jh. stammen. Etwas älter sind wohl die beiden Seitenaltäre, die dem Heiligen Grab einen würdevollen Rahmen bieten. St. Loreto wurde im Jahre 1666 in Auftrag gegeben, nachdem Graf Hugo von Königsegg und sein Sohn von einer Wallfahrt zurückkehrten. Aus jener Zeit stammt auch das Gnadenbild, eine Kopie der Muttergottes von Loreto.

Das nahe gelegene **„Biotop Alpseen"** ist ein 827 ha großes Landschaftsschutzgebiet, in dem viele bedrohte Tier- und Pflanzenarten ein Refugium gefunden haben.

... sondern auch die Kapelle St. Stephan zu entdecken

Den Alpsee verlassen wir nach links über den Badeweg – den Schildern des Bodensee-Königssee-Radwegs bzw. der Radrunde Allgäu folgend.

Deutlich kleiner, aber nicht weniger schön ist der **Kleine Alpsee**, der sich links neben uns erstreckt.

*Dann radeln wir am Wohnmobilstellplatz vorbei, zweigen hinter dem Viehscheidplatz links ab und verlassen den Kreisel (**Wegepunkt 5**) geradeaus. Ab hier wird es recht einfach, denn wir folgen einfach der Route, die wir auf dem Hinweg nahmen: Zunächst auf dem Bodensee-Königssee-Radweg bis zur Iller (**Wegepunkt 4**), dann über den Iller-Radweg auf stetig ansteigender Strecke zurück nach Oberstdorf. Hier endet unsere Radtour am Bahnhof.*

Orts-
porträt

OBERSTDORF

Herzlich Willkommen heißt uns Markt Oberstdorf ganz im Süden des Allgäus auf einer Seehöhe von 815 m. Der bei Urlaubern und Patienten gleichermaßen sehr beliebte heilklimatische Kur- und Kneippkurort wurde 2002 mit der „Premium Class" für Kurbetriebe ausgezeichnet – wenn das keine Einladung für einen ausgedehnten Aufenthalt ist!

Wir sind hier zudem in einem Ort, der zum **„Zipfelbund"** gehört. Nie gehört? Nein, es gibt nicht wie so oft in Bayern eine kulinarische Erklärung – es ist viel einfacher: Oberstdorf ist die südlichste Gemeinde Deutschlands – also der südlichste Zipfel der Republik. Folgerichtig gehören zum Bund auch List auf Sylt im Norden, das Selfkant im Westen und Görlitz im Osten.

Den ersten alemannischen Siedlern waren diese Zusammenhänge gänzlich unbekannt. Sie kamen ab dem 5. Jh. auch in diese Region, nachdem die Römer den Limes aufgegeben hatten und sich die Siedler aus dem Norden ihre neuen Refugien suchten. Die ältesten Dokumente, in denen Oberstdorf genannt wurde, stammen aus dem Jahre 1141. Ein weiteres bedeutsames Jahr sollte 1495 werden, als Oberstdorf zum Markt erhoben wurde. Wenig später war es Graf Hugo von Montfort, der im Ortsteil Tiefenbach eine Schwefelquelle nutzte, um ein Bad zu errichten, denn das Wasser half nachweislich, um bei den Patienten das Fieber einzudämmen. Der Grundstein zu einem Kurbetrieb war gelegt.

Im Jahre 1865 wütete eine schlimme Feuersbrunst im Ort, zerstörte 146 Häuser und sorgte für eine hohe Armut bei den Bürgern. Um die Finanzen zu sanieren, wurde „der Verschönerungsverein zur Steigerung des Fremdenverkehrs" gegründet. Die Einwohner erkann-

Im dörflichen Rohrmoos steht die Kapelle St. Anna

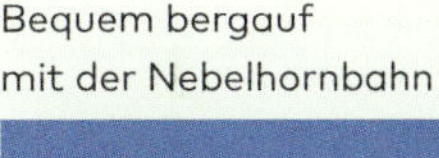

Bequem bergauf mit der Nebelhornbahn

ten die Chance und legten auf ihre Kosten die ersten Wanderwege auf dem Stadtgebiet an. Ab 1870 war der Aufstieg Oberstdorfs zu einem der beliebtesten Urlaubsziele Bayerns nicht mehr aufzuhalten, denn in diesem Jahr wurde die Eisenbahn von Sonthofen bis hierher verlängert.

Zu Beginn des 20. Jhds. setzte sich der Trend fort, denn es wurden wichtige Entscheidungen getroffen: 1905 wurde die Breitachklamm für Besucher erschlossen, der Verkehrsamtsleiter sorgte 1921 dafür, dass trotz Lebensmittelmangels wieder der Fremdenverkehr im großen Stil aufgenommen werden konnte, 1926 wurde die **Schattenbergschanze** eröffnet, 1930 liftete die **Nebelhornbahn** Gäste nach oben und 1964 erfolgte die Adelung als Kneippkurort.

Und auch das Jahr 1992 trug zum Erfolg bei, denn schon so früh wurde die City autofrei. Gäste stellen ihre PKW außerhalb auf Großparkplätzen ab und lassen sich mit Elektrobussen in die wunderbare Fußgängerzone fahren. Und noch etwas zum „grünen Urlaub“: Der schmucke Bahnhof wurde 2006 zum besten Kleinstadtbahnhof Deutschlands gewählt!

Hier verläuft auch die Hauptstraße Oberstdorfs. An deren Ende erreichen wir den **Marktplatz** und kurz darauf das **Kurzentrum**. Viele der alten Bauten von Oberstdorf verschlang 1865 der schon erwähnte Groß-

Zuerst um gutes Wetter bitten…

… dann auf in die Breitachklamm

brand. Zum Glück blieben damals einige historische Häuser erhalten, wie das Rathaus, das im 15. Jh. noch ein Tanzhaus war oder das an unserer Tour gelegene ehemalige **Gerberhaus** neben der **Fellhornbahn-Station**. Es wird gerne Trettachhäusle genannt.

Zudem gibt es gleich mehrere Kapellen, die unsere Aufmerksamkeit verdienen, wie die 1567 erbaute **Holzkapelle St. Anna**, die **Pestkapelle** (sie erinnert an die Pest um 1635), die **Seelenkapelle** am Friedhof (Fresken aus dem 16. Jh.) oder die ehemalige **Marienkapelle** (1141 geweiht, heute Pfarrkirche St. Johannes).

Die Mehrzahl der Besucher kommt aber aus einem anderen Grund: Sport, Kur und Erholung sind hier angesagt. Die Kurgäste kommen wegen des Heilklimas und zum Kneippen. Durch die hohen Berge, die Oberstdorf umschließen, können die Gäste auch ohne kalte Winde ihre Tage im Freien verbringen.

Außer Shoppen und Flanieren können wir in der Fußgängerzone freilich auch bestens Speisen – Einkehrmöglichkeiten gibt es reichlich! In Bahnhofsnähe finden wir z.B. die **Oberstdorfer Dampfbierbrauerei**. Bei naturtrübem, frischem Bier können wir – wie es sich gehört – deftige Malzeiten wie eine Schlachtplatte genießen.

Wer neben seinem Magen auch seinen Geist erfrischen möchte, geht ins **Heimatmuseum**, in dem wir alles über die Geschichte Oberstdorfs, seiner Menschen und seines Handwerks erzählt bekommen. Als besonderes Highlight können wir den mit 3,80 m Länge vielleicht größten Schuh der Welt in der Schratt´schen Sammlung ansehen. Untergebracht ist alles im **Köchelerhaus**, einem prachtvollen Bauernhaus aus dem Jahre 1620.

Einer der wichtigsten Namen der Stadt ist **Gertrud leFort**. Sie wurde 1876 in Minden geboren und veröffentlichte schon im Alter von 19 Jahren ihre ersten Gedichte. Obersdorf wurde 1938 zu ihrer Wahlheimat. Es war „Liebe auf den ersten Blick". Nicht nur für ihr berühmtestes Werk „Das Schweißtuch der Veronika" wurde sie mehrfach für den Nobelpreis vorgeschlagen. Als Sie im Alter von 95 Jahren starb, war sie bereits zur Ehrenbürgerin ernannt worden.

Im Ortsteil **Tiefenbach** finden wir den Eingang zur **Breitachklamm**, der tiefsten Bachschlucht Europas! Für den Weg hierher nehmen wir am besten den Bus und lassen unsere E-Bikes gut gesichert im Ortszentrum zurück. Die Breitach hat sich hier in den Schrattenkalk eine tiefe Schneise gearbeitet. Pfarrer Johannes Schie-

Saftige Bühnen und dichte Wälder rund um Oberstdorf

bele war es zu verdanken, dass 1905 die Attraktivität dieser Klamm auch für „Nicht-Alpinisten" erschlossen wurde. Schwindelfrei und gut zu Fuß sollte man aber schon sein, denn Treppen und Wege führen uns durch diese fast unterirdische Traumwelt, in der die Wände neben uns bis zu 120 m empor ragen. Nach dem Durchwandern der Klamm können wir bei der **Walserschanze** am oberen Eingang in den Bus steigen und zurück in die City fahren.

Ein weiterer Ausflug führt mit dem Bus ins **Kleinwalsertal**. Bis ins 13. Jh. wohnte hier keine Menschenseele. Dann flüchteten Bauern aus dem Kanton Wallis hierher und machten die Gegend urbar. Im langgezogenen Tal der Breitach gibt es 16 Orte, die per Straße nur von deutscher Seite aus zu erreichen sind. Staatsrechtlich gehört das Kleinwalsertal aber zu Österreich, ist von dort aus nur über Fußwege zu erreichen. Also wurde 1891 kurzerhand ein „Zollanschlussgebiet" geschaffen, d.h. zollrechtlich sind die Orte deutsches, staatlich österreichisches Gebiet. Die bekamen zwei Postleitzahlen – eine deutsche und eine österreichische. Aber das allein ist ja nicht Grund genug für einen Ausflugstipp: Es sind vielmehr die freundlichen Gastgeber, die uns in eine einzigartige Landschaft locken. Umgeben von majestätisch aufragenden Bergriesen liegen schmucke Orte wie das am Tal-Ende gelegene **Baad** mit seiner Schwefelquelle oder **Mittelberg** mit der **Pfarrkirche Heilig Jadock**. Wer höher hinaus mag, fährt mit Kabinenseilbahnen und Sesselliften zu hochalpinen Wanderungen auf die Berge.

Mit der Bahn hinauf zum Fellhorn

Tour 8

Länge 36 km

OBERSTDORFER HIGHLIGHTS

Rundtour von Oberstdorf über Birgsau und Untere Biberalpe

Nachdem wir das touristische Leben in Oberstdorf und der Region genossen haben, machen wir uns auf zu einer naturverbundenen Tour. Die Akkus der E-Bikes sollten zu Beginn der Tour voll aufgeladen werden, denn wir kurbeln mehr als 400 Höhenmeter bergauf. Dabei wird es von Minute zu Minute ruhiger, wenn der Autoverkehr endet und wir auf kleinen Pfaden bergan radeln.

Was erwartet mich?

36 km, eine entspannte Tour mit durchgängigem Anstieg im ersten und durchgängigem Gefälle im zweiten Teil auf einem Mix von Straßen, asphaltierten Wirtschaftswegen, naturbelassenen Wegen und Pfaden.

Wie komm ich hin?

ÖPNV: Bahnhof Oberstdorf
Mit dem Auto: Parkplatz P3, Sonthofener Straße 9, Oberstdorf

Was muss ich sehen?

1. St. Maria Loretto
2. Heini-Klopfer-Flugschanze
3. Fellhornbahn
4. Schattenberg-Skistation

Wo tank ich auf?

Holzofenbäckerei, Sonthofener Straße 8, Oberstdorf
Der Landhof, Birgsauer Straße 8, Oberstdorf
Willis Blockhütte, Stützellestraße Anatswald 1a, Oberstdorf
Landgasthaus Adler, Birgsau 8, Oberstdorf
Gasthof Einödsbach, Einödsbach 1, Oberstdorf

Kartentipp: **ADFC Regionalkarte Allgäu**

TOURSTART

Wir starten am Bahnhof von Oberstdorf, den wir über den Bahnhofsplatz hinweg in die Hauptstraße (Fußgängerzone) hinein verlassen. Auf der Hauptstraße sollten wir Rücksicht nehmen und die Bikes schieben – es gibt ja auch genügend zu sehen auf beiden Seiten! Am Ende der Hauptstraße links in die West- und kurz darauf rechts in die Prinzenstraße.

Die Loretto-Kapellen grüßen bei der Abfahrt

Direkt an unserer Strecke steht an der Prinzenstraße ein **Wegekreuz**. Es ist nur eines von mehreren Zielen auf dem Kreuzweg, dem wir hier unbewusst folgen. Nur wenige Meter dahinter verbirgt sich die Seelenkapelle auf dem Gelände des ehemaligen Friedhofs.

Neben uns entdecken wir ein schönes Fotomotiv: In roter Schrift stehen hier die Zeichen **„Oberstdorf Haus"**. Es weist darauf hin, dass sich hier ein größerer Gebäudekomplex erhebt, der oftmals Schauplatz für Veranstaltungen bietet. Das schmackhafte Käsefestival findet hier ebenso statt wie musikalische Schmankerln auf der Freilichtbühne. Auch die Tourist-Information und die Alpine Information sind in den Gebäuden beheimatet.

Gleich vis-a-vis liegt der **Kurpark** von Oberstdorf mit viel Grün, das von Wasserflächen in Szene gesetzt wird. Beachtenswert ist auch die Skulptur namens „Fischreiher" – je nach Blickwinkel sehen wir drei Vögel, aber nur vier Füße.

*Die Prinzenstraße vereinigt sich mit der Lorettostraße (**Wegepunkt ❶**) und führt uns als solche hinaus aus dem Ort.*

Kaum haben wir Oberstdorf verlassen, gibt es schon den ersten Grund, wieder von den E-Bikes zu steigen, denn dieses Ensemble ist einzigartig: Nebeneinander gesellen sich die 1493 erbaute **Appachkapelle** mit wertvollen Malereien, die **Kapelle St. Joseph** aus dem Jahr 1671, die im Innern einen seltenen Palmesel von 1729 verbirgt und natürlich das Gotteshaus **[1] St. Maria Loretto**. Es wurde 1657 errichtet und 1871mit einem Kuppelgemälde verziert.

Der Grund dafür dass es gleich drei Kapellen nebeneinander gibt, ist denkbar einfach: Die Appachkirche war der Pilgerflut nicht mehr gewachsen, so dass ein größeres Haus her musste. Da auch die Marienkirche schnell zu klein war, wurde wieder gebaut. Die Vorgängerbauten wurden nicht abgerissen, sondern als „die Kapellen von St. Loretto" der Nachwelt erhalten.

*Die Loretto- wird zur Birgsauer Straße, der wir bei der etwas verwirrenden Kreuzung geradeaus folgen (**Wegepunkt ❷**). Den Parkplatz Freibergsee lassen wir dabei „rechts liegen".*

Links über uns funkeln mitten im dichten Wald die Wogen des **Freibergsees** auf einer Höhe von 930 m. Wenn es die Akkus zulassen, sollten wir den kurzen Abstecher wagen, denn wir können uns in die kühlen Fluten stürzen, uns ein Boot ausleihen oder einfach mit bester Aussicht einkehren.

Im Nordic Zentrum Oberstdorf trainieren Weltmeister oder diejenigen, die es werden sollen.

Hinter dem Nordic Zentrum Oberstdorf wird es etwas ruhiger, gleichsam steigt unsere Straße immer weiter an.

Das **Stillachtal** ist gar nicht so still, wie der Name es vermuten lässt. Das liegt auch an dem 25 km langen Gebirgsbach, der sich hier seinen Weg durch die Alpen sucht. Die Stillach-Quelle liegt fast genau am **südlichsten Punkt Deutschlands**.

Parallel zur Birgsauer Straße kommen wir an der Skiflugschanze vorbei.

Sehr eindrucksvoll erhebt sich neben uns die [2] **Heini-Klopfer-Flugschanze**. Ihren Namen bekam sie von seinem Architekten Heini-Klopfer, der den ersten Schanzenflug höchstpersönlich übernahm. Der Schanzenkopf scheint in der Luft zu schweben – wenn wir die Möglichkeit nutzen und dort hinauf fahren, können wir uns auf Adrenalinschübe gefasst machen. Ein

Heini Klopfer probierte seine Schanze auch selbst aus

Reisemobilstellplätze an oder nahe der Route

Wohnmobilplatz Oberstdorf, Hermann-von-Barth-Straße 9, Oberstdorf

Rubi-Camp, Rubinger Straße 34, Oberstdorf

Camping Oberstdorf, Rubinger Straße 16, Oberstdorf

E-Bike Ladestationen an oder nahe der Route

E-Bike Ladestation an den Kurbetrieben Oberstdorf, Prinzregentenplatz 1, Oberstdorf

E-Bike Ladestation Moorbad, Am Rauhen 3, Oberstdorf

E-Bike Ladestation bike-Energy, Freibergsee 2, Oberstdorf am Freibergsee

Seflie mit der lustigen **Baumfigur**, die neben der „Flugschanzenstube" steht, muss einfach sein!

Unsere Route folgt weiter dem Verlauf der Birgsauer Straße – oder der Stillach, ganz wie wir es sehen mögen. So kommen wir an der Fellhornbahn vorbei.

Es wird immer ruhiger, aber auch spektakulärer: Rechts neben uns tost die **Stillach** teils als Wasserfall, teils verteilt sie sich über weite Schotter-Bänke. Links neben uns steht wie aus dem Nichts die kleine **Kapelle St. Wendel**.

Auch die 3 **Fellhornbahn** liftet uns in die Höhe. Schon vom Gasthof der Mittelstation genießen wir einen herrlichen Ausblick. Bei einer Führung erfahren wir etwas über die bunte Vielfalt der Pflanzenwelt der Alpen

*Die Birgsauer Straße tangiert mehrere Höfe und erreicht die Bushaltestelle Birgsaualpe. Kurz dahinter wählen wir an der Kreuzung den rechten Weg (**Wegepunkt ❸**), der in engen Kurven steil ansteigt.*

Wir rollen an **Landgasthöfen**, Jagdhäusern, Bauernhöfen und an der **Sennalpe** vorbei. Wer hier Urlaub macht, liebt die naturverbundene Einsamkeit.

Je nach eigener Lust und Laune – vielleicht auch je nach verbleibender Akku-Laufzeit folgen wir dem Weg weiter bergauf, eventuell bis zur Unteren Biberalpe.

Bild links:
Kristallklares Wasser im Freibergsee

Die Bebauung wird spärlich – wir entdecken die Buchenrainalpe und direkt gegenüber geht es nach **Einödsbach**, Rappenalpe, untere Biberalpe und deutlich darüber die Speicherhütte. Das sind die Ziele, die Biker und Wanderer in diesem immer enger werdenden Tal ansteuern. Dabei ragen neben uns **Gipfel** auf, die deutlich mehr als 2.000 m in den Himmel ragen.

Ab hier ist es ganz einfach, denn wir folgen einfach der Route, die wir auf dem Hinweg nahmen: Immer durch das Tal retour nach Oberstdorf. Hier endet unsere Radtour am Bahnhof.

Wenn wir zurück in Oberstdorf am Ende der Prinzenstraße rechts abbiegen, gelangen wir auf den **Marktplatz**, wo das Leben pulsiert. Vorbei an der **Pfarrkirche St. Johann Baptist** erreichen wir die Oststraße, die uns mit ein paar Schlenkern zur Talstation der **Nebelhornbahn** bringt. Diese liftet uns in wenigen Minuten auf das 2.224 m hohe Nebelhorn, das phantastische Aussichten und ein modernes Gipfelgebäude bietet.

Die Schattenbergschanze kennen wir von der Vierrschanzentournee

Direkt neben der Talstation wird die Trettach über eine **Staustufe** geführt und ein Stück den Berg hinauf liegt die ORLEN Arena Oberstdorf Allgäu mit der 4 **Schattenberg-Skistation**. Die tollkühnen Adler auf Skiern eröffnen hier jedes Jahr die Vierschanzentournee.

Mehr Informationen über den Ort finden Sie im **Ortsporträt Oberstdorf** (siehe S. 62).

Von Sonthofen kurbeln wir die Berge hinauf

Tour 9 Länge 46 km

AUF UNZÄHLIGEN KURVEN DURCH´S HOCHGEBIRGE

Rundtour von Sonthofen über Wertach und Bad Hindelang

Dies ist die vielleicht anspruchsvollste Tour in unserer Allgäu-Sammlung. Eine Strecke von 46 km klingt zunächst nicht viel, doch ab Kilometer 3 geht es mächtig aufwärts. In der Folge warten weitere Berge, bis wir auf 1.157 m gekurbelt sind. Dann geht es in Serpentinen hinunter, wobei kurze Passagen auf der Straße zurückgelegt werden müssen.

Was erwartet mich?

46 km, eine hügelige Tour mit mehreren kräftigen Anstiegen und Gefällen auf einem Mix von Straßen, asphaltierten Wirtschaftswegen, naturbelassenen Wegen und Pfaden teilweise beschildert als Radrunde Allgäu.

Wie komm ich hin?

ÖPNV: Bahnhof Sonthofen (Gleis 1 stufenfrei)

Mit dem Auto: Parkplatz Bahnhof Sonthofen, Bahnhofsplatz 10, Sonthofen

Was muss ich sehen?

1. Pfarrkirche St. Michael
2. Burgberger Tierparadies
3. Schloss Hindelang
4. Dreikugelhaus

Wo tank ich auf?

Burgberger Tierparadies mit Kafe Kult, Häuserer Allee 2, Burgberg

Alpe Weiherle, Unnamed Rd. Burgberg

Berggasthof Alpenblick, Auf dem Ried 1, Burgberg

Zur Salzer Stube, Marktstraße 28, Bad Hindelang

Kartentipp: **ADFC Regionalkarte Allgäu**

TOURSTART

Wir starten am Bahnhof von Sonthofen, den wir nach links über den Bahnhofsplatz und dann rechts in die Blumenstraße verlassen.

Sonthofen wurde im Jahr 2005 zur **„Alpenstadt des Jahres"** gekürt. Damit wurde Stelle bestätigt, dass man sich in Sonthofen um die Erhaltung der Natur im Alpenraum bemüht.

Der **Luftkurort** bekam erst 1963 die Stadtrechte verliehen und darf sich seitdem die **südlichste Stadt Deutschlands** nennen. Erst seit 1792 gibt es den Namen Sonthofen. Davor war der alte Name „Sunthoven" aktuell, der schon 1145 für die erste Siedlung verwendet wurde.

Kaum zu übersehen ist die 1 **Pfarrkirche St. Michael**, die 1741 im barocken Stil umgebaut wurde. Sie musste innen wie außen nach einem Bombeneinschlag im Krieg neu aufgebaut werden. Das **Heimathaus** wurde in einem ehemaligen Bauernhaus untergebracht. Es hält auf 650 qm nicht nur Exponate aus dem ländlichen, sondern auch aus dem bürgerlichen Leben bereit. Neben den exotischen Sammlungen von Glocken und Kuhglocken gibt es eine Alpsennerei zu sehen.

*Über den Kreisverkehr geradeaus, an der nächsten Kreuzung links in die Schillerstraße (**Wegepunkt** ❶), der wir ein gutes Stück folgen, auch wenn sie zwischendurch zum schmalen Weg wird. Wir befinden uns nun auf der ausgeschilderten Radrunde Allgäu.*

Im östlich gelegenen Ortsteil Berghofen thront die **Filialkirche St. Leonard** mit einem tollen Choraltar von 1438. Die Kirche selbst ist ein Jahr älter, wurde aber 1760 verändert. Von Berghofen geht es auf steilen Pfaden zur wilden **Starzlachklamm**. Vom Steig aus können wir an den senkrechten Tobelwänden vorbei in die Tiefe blicken und das Wasser tosen hören.

*Gegen Ende der Schillerstraße rechts-links (**Wegepunkt** ❷) und geradeaus unter der B308 hindurch. Auf der anderen Seite ein Stück geradeaus („In der Reite"), dann rechts in die Nord- und wenig später links in die Grüntenstraße. Hinter der Brücke weiter geradeaus entlang der Sonthofener Straße nach Burgberg.*

Der Ort Burgberg lässt uns aufhorchen, denn es ist ein ehemaliger **Bergbau-Standort**. Bei einer „Entdeckertour" können wir in die stillgelegten Erzgruben einfahren und erfahren dabei auch, dass Montanindustrie hier bis 1873 florierte. Dann kam die Eisenbahn in diese Region und brachte qualitativ bessere Erze und Stähle, was das Ende des hiesigen Bergbaus bedeutete. Heute werden Führungen in die nun stillgelegten Stollen angeboten.

Burgberg liegt „eine Etage" über dem Tal

Bild links oben:
Nicht zu übersehen ist St. Michael

Bild links unten:
Etwas Mut erfordert die Wanderung durch die Starzlachklamm

In Burgberg sollten wir uns auch die 1773 geweihte **Pfarrkirche St. Ulrich** ansehen. In deren Deckengemälde wurde die Ungarnschlacht von 1760 verewigt. Über dem Ort liegt das **„Weinbergle"**, wo ab 1855 durch den ortsansässigen Pfarrer Messwein angebaut wurde. Heute erinnert ein Denkmal daran. Freilich gab es auch eine **Burg Burgberg**. Diese wurde 1140 erbaut, allerdings im 30jährigen Krieg zerstört, so dass nur noch einige Ruinen aus dem dichten Wald empor schauen.

Sehr besuchenswert ist das **2 Burgberger Tierparadies**. Ponys, Esel, Lamas, Alpakas, Schafe und viele andere Tiere warten auf unsere Streicheleinheiten – einfach herrlich! Auf der Sonnenterasse können wir uns zudem bestens verpflegen.

*Mitten in Burgberg verlassen wir die Radrunde Allgäu und zweigen rechts ab in die Grüntenstraße (**Wegepunkt ❸**). An deren Ende rechts in den ansteigenden Weg und an der Kapelle vorbei. So gelangen wir wieder auf die Grüntenstraße, die uns nach rechts mit starker Steigung am Parkplatz und an der Alpe Weiherle vorbei führt.*

Burgberg verabschiedet uns mit der pittoresken **Steinebichl-Kapelle**, bevor wir in weite Natur eintauchen. Am Wegesrand liegt die **Alpe Weiherle**, wo wir bei herrlichem Ausblick einkehren können.

Reisemobilstellplätze an oder nahe der Route

Wohnmobilstellplatz, Sinwagstraße 3-1, Sonthofen

Wohnmobilstellplatz Köberle, Oberortwang 2, Burgberg

Wohnmobil- und Wohnwagenstellplatz, An der B308, Bad Hindelang-Oberjoch

Wohnmobilstellplatz, Ostrachstraße 31, Bad Hindelang

E-Bike Ladestationen an oder nahe der Route

Fahrradladestation, Grüntenstraße 2, Sonthofen

Wir bleiben auf der kleinen Straße, tangieren den Berggastof Alpenblick und kurbeln weiter nach oben, ehe es nach einer Weggabelung (hier rechts) in rasanter Abfahrt zu Tale geht.

Auch der **Berggasthof Alpenblick** hält, was er verspricht: Zünftige Speisen bei perfekter Alpensicht.

*Nach wechselnden Aufstiegen und Abfahrten an der querenden Landstraße rechts (**Wegepunkt ❹**), nach wenigen Metern links und parallel zur Landstraße nach Wertach, das wir über die Langgasse bzw. Marktstraße erreichen. Am Alpengasthof Hirsch scharf rechts, dann links in die Haaggasse und an deren Ende rechts in die Alpenstraße (**Wegepunkt ❺**).*

Die Sehenswürdigkeiten von **Wertach** werden wir uns noch in **Tour 10** ansehen.

Mit der Alpenstraße von Wertach haben wir auch die Radrunde Allgäu erreicht. Dieser folgen wir nach rechts aus dem Ort hinaus. Entlang der Wertach geht es mal rechts, mal links der Landstraße wieder deutlich bergauf über Unter- nach Oberjoch.

„Höchstes Ski- und Bergdorf Deutschlands" – mit dieser Botschaft empfängt uns Oberjoch auf einer Höhe von 1.200 m. Eines der beliebtesten Urlaubsziele des Landes ist es in jedem Falle (auch), was wir an den vielen Ressorts, Hotels und Chalets erkennen können. Noch mehr Superlative? Gerne: Der **Oberjochpass**, den wir teils auch beradeln, hat 107 Kurven und stellt damit den Deutschlandrekord.

In dieser Höhe muss die Luft einfach gut sein, also hat sich Oberjoch auch zum **heilklimatischen Kurort** geadelt. In der Alpenklinik Santa Maria hat man sich demzufolge u.a. auf Atemwegserkrankungen spezialisiert.

Nicht nur die Luft ist bestens, sondern auch die **Aussichten**: Wenn wir unsere Bikes parken und uns per Pedes durch den Ort bewegen, blicken wir immer wieder weit ins Tal oder auf die noch höher aufragenden Bergriesen neben uns.

Hinter Oberjoch beginnt der schwierige Teil der Strecke: Wir rollen oftmals auf der Straße durch enge Serpentinen steil abwärts. Zum Glück ist Bad Hindelang rasch erreicht.

Bad Hindelang ist auch im Sommer eine Reise wert

Bad Hindelang liegt „etwas tiefer" auf 825 m, kann aber ebenfalls mit seiner guten Luft punkten: Der Markt an der historischen Salzstraße ist **heilklimatischer Kurort** und **Kneippkurort**. Die erste Straße durch den Ort und über das Joch ließen die Grafen von Montfort bereits im Jahre 1540 ausbauen. Rund 110 Jahre später wurde für den Augsburger Fürstbischof Sigismund von Habsburg ein Jagdschloss in Hindelang errichtet, in dem auch die nachfolgenden Fürstbischöfe den Sommer in der angenehm kühlen Luft verbrachten. 3 **Schloss Hindelang** wird heute als Rathaus genutzt und bildet gemeinsam mit der **Pfarrkirche St. Johannes Baptist** den Mittelpunkt des Ortes. Von den weiteren historischen Gebäuden sollten wir uns vor allem das 4 **Dreikugelhaus** aus dem Jahre 1671 und den ehemaligen **Stutenhof** ansehen, wo die Fugger bereits 1529 eine Pferdezucht unterhielten.

Bad Hindelang verlassen wir auf dem Radweg neben der B308. Auf sanft abfallender Strecke erreichen wir Sonthofen. Hier steuern wir den Bahnhof an, wo die Tour endet.

Zum Abschluss lockt das **Wonnemar**. Hier können wir uns im Wellenbad schaukeln lassen und dabei einen grandiosen Blick auf die Alpen genießen. Zudem gibt es eine „Kinderwelt", Rutschen, Wellness, Kneippeinrichtungen, eine Saunalandschaft und vieles mehr.

Im Häusermeer von Nesselwang versteckt sich auch das Brauereimuseum

Tour 10 Länge 29 km

DIE „KLEINE WIES"

Rundtour von Nesselwang über Wertach und Oy-Mittelberg

Zwei funkelnde Seen, schmucke Ortschaften, prachtvoll ausgestattete Gotteshäuser und gut ausgebaute Radwege. Es ist alles bereit für eine erlebnisreiche Radtour zu Füßen der Alpenriesen. Die E-Bikes werden uns gute Dienste erweisen, denn es geht öfters steil bergauf! Die gute Allgäuer Gastronomie wird dafür sorgen, dass auch bei uns die Akkus nicht leer werden.

Was erwartet mich?

29 km, eine hügelige Tour mit mehreren Anstiegen und einem steilen Gefälle auf einem Mix von Straßen, asphaltierten Wirtschaftswegen, naturbelassenen Wegen und Pfaden – beschildert als Radrunde Allgäu bzw. Bodensee-Königssee-Radweg.

Wie komm ich hin?

ÖPNV: Bahnhof Nesselwang (Gleis 1 stufenfrei)

Mit dem Auto:
Parkplatz am Bahnhof, Bahnhofstraße 19, Nesselwang

Was muss ich sehen?

1. **Brauereimuseum**
2. **Kapelle St. Sebastian („Kleine Wies")**
3. **Pfarrkirche St. Ulrich**
4. **Dohlebrücke**

Wo tank ich auf?

Bäckerei Jost, Füssener Str. 7 in Nesselwang und Hauptstraße 41, Oy-Mittelberg

Kiosk Grüntensee, Grüntenseestraße 43, Wertach

Dorfgespräch – gmiatlich Zämed, Marktstraße 15, Wertach

Kiosk am Rottachsee, Am Petersbach 21, Oy-Mittelberg-Petersthal

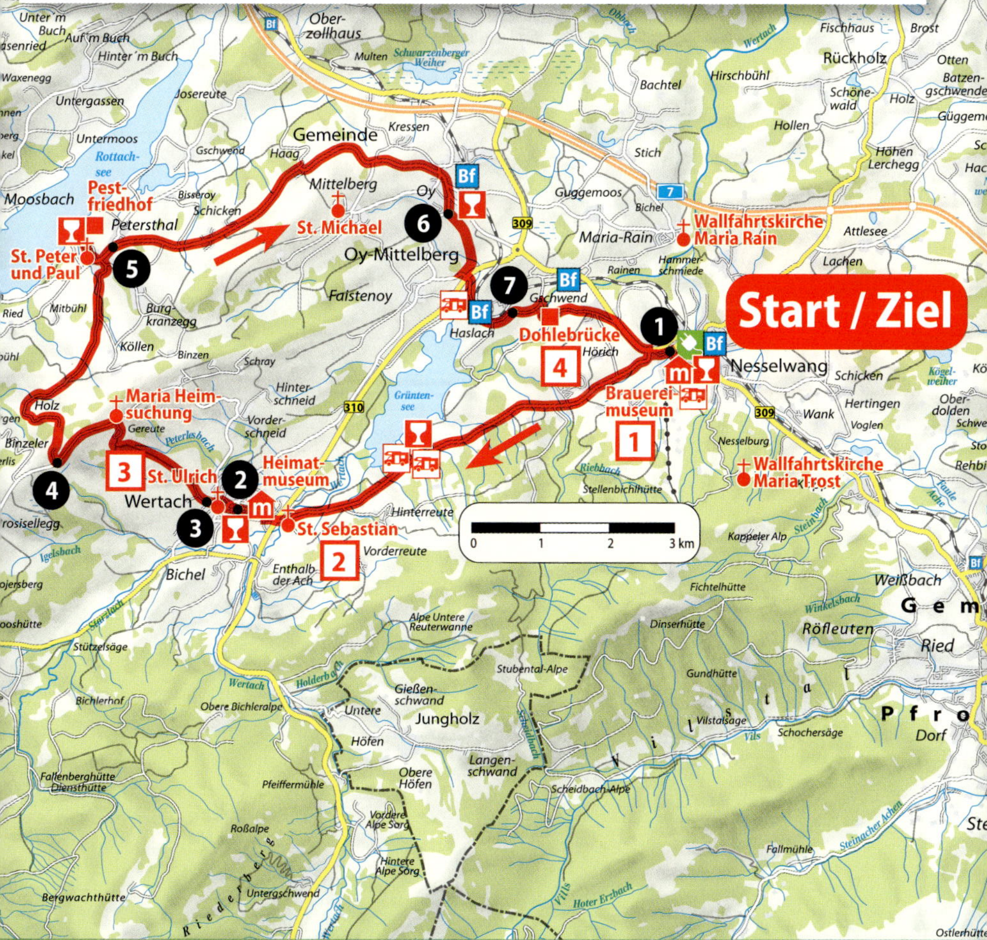

Kartentipp: **ADFC Regionalkarte Allgäu**

TOURSTART

Wir starten am Bahnhof von Nesselwang, den wir nach links über die Bahnhofstraße verlassen, um der querenden Straße links zu folgen, die hinter den Schienen in die Von-Lingg-Straße übergeht.

Im Jahre 1429 erhielt Nesselwang am Rande der Salzstraße nach Tirol die Marktrechte. Die meisten Bauten der Stadt wurden 1635 von einer Feuerwalze verschlungen. Das **Heimathaus** residiert in einem Fachwerkhaus von 1807 und berichtet auch aus dieser Zeit. Spannend ist ein Besuch im **1 Brauereimuseum** der Postbrauerei. Dort können wir nicht nur frisches Bier genießen, sondern auch die Brauerei besichtigen.

Etwas außerhalb der Stadt liegt der Themenwanderweg **„GE(h)ZEITEN"** mit mehreren Stationen. Entschleunigung ist garantiert, wenn wir diese Runde per Pedes drehen.

Hoch oben auf dem Wankerberg finden wir die **Wallfahrtskirche Maria Trost**.

*Am Ende der Von-Lingg-Straße bei der Ampel rechts in die Kemptener Straße und vor der Rechtskurve links in die Römerstraße (**Wegepunkt** ❶). An deren Ende links in die deutlich ansteigende Reichenbacher Straße. Mit ihrem separaten Radweg ist sie als „Radrunde Allgäu" markiert und bringt uns vorbei an Reichenbach, am Campingplatz und am Grüntensee.*

Der **Grüntensee** ist eine Staustufe der Wertach. Sein Becken stammt aus der Eiszeit, als es hier einen See gab, der sich in Moore wandelte. Namensgeber war der 1.742 m hohe Grünten (Berg). Er ist auch so etwas wie ein Wetterradar, denn die Wertacher sagen „Trägt der Grünten einen Hut, wird das Wetter gut".

Direkt an unserem Radweg liegt die **2 Kapelle St. Sebastian**, die 1512 erbaut wurde, als die Pest viele Opfer forderte. Der Sebastian gilt seit jeher als heilig. Die Kapelle wurde dem Schutzpatron gegen Pest und andere Seuchen geweiht und ähnlich aufwändig wie die Wieskirche gestaltet, so dass sie auch als „Kleine Wies" bezeichnet wird.

Nachdem wir die Sebastiankapelle (links) passiert haben, vor der Kreuzung der Bundesstraße rechts auf

*den kleinen Weg, der unter der B310 her führt. Hinter dem Tunnel ein Stück weiter auf dem Schleifweg, der wenige Meter später rechts abzweigt und uns in die Ortsmitte von Wertach geleitet (**Wegepunkt** ❷).*

Wertach gilt als höchstgelegener Markt des Landes und wurde wegen seiner guten Luft bereits zum Kurort geadelt. Im **Heimatmuseum** bekommen wir einen guten Eindruck vermittelt, wie hier einst die Bauern lebten. Besondere Gaumenfreuden verspricht ein Besuch in der Allgäuer Gebirgskellerei, denn hier gibt es Wein aus Löwenzahnblüten, Holunderblüten, Stachelbeeren, Kirschen, Erdbeeren, Bergwiesenheu oder anderen extravaganten Zutaten.

In Wertach wartet die „kleine Wies" auf uns

Am Rathaus verlassen wir die Radrunde Allgäu, fahren geradeaus in den Kramerweg, rechts-links in die Dr. Bach-Straße und geradeaus weiter in die Straße „Am Berg".

Neben dem Friedhof erhebt sich die im 17. Jh. errichtete 3 **Pfarrkirche St. Ulrich**, die 1893 niederbrannte. Einige Teile, wie die Kanzel, die Altäre und das Taufbecken konnten damals gerettet werden, während die Deckenfresken beim Wiederaufbau 1895 neu entstanden.

*Noch vor der Klinik biegen wir rechts ab (weiterhin „Am Berg", **Wegepunkt** ❸), die ihrem Namen alle Ehre macht und mächtig ansteigt. Nach einem kurvigen Abschnitt erreichen wir den Ort Gereute.*

Mitten im weiten grünen Feld liegt die kleine **Kapelle Mariä Heimsuchung.** Ein Blick ins Innere lohnt sich aufgrund der filigranen Malereien an Wänden und Decken.

Vor der Kapelle biegen wir links ab und kurbeln noch ein Stück bergauf, bis wir den mit 1.117 m höchsten Punkt *der Tour erreicht haben. Die Abfahrt sollten wir nicht zu schwungvoll angehen, denn nach wenigen Metern zweigen wir bei einem Bauernhof, an der Sennalpe Hochried, rechts ab (**Wegepunkt ❹**) und lassen die Bikes ohne Antrieb zu Tale rollen.*

Fast auf dem Scheitelpunkt unserer Tour rollen wir durch die **Sennalpe Hochried**. Hier können wir uns am Selbstbedienungskühlschrank mit Köstlichkeiten aus der Käsehütte eindecken.

Die Höfe Holz, Schwanden liegen an der kurvenreichen Abfahrt, die uns nach Petersthal bringt.

Weithin sichtbar ist die **Pfarrkirche St. Peter und Paul** von Petersthal. Im Stile der Spätgotik entstand Ende des 17. Jhds. das Langhaus, welches man 1755 im Innern mit farbenfrohen Altären und Deckengemälden ergänzte. Besonders wertvoll ist die **Prozessionsfigur „Christus auf dem Palmesel"** aus dem Jahre 1310. Es ist eine der ältesten Darstellungen dieser Art in ganz Deutschland.

Am Rande des Ortes liegt der ehemalige **Pestfriedhof**. Ein Schild erklärt uns, dass hier die Opfer der letzten großen Pest im Sommer 1635 begraben liegen.

Gleich nebenan spiegeln sich die umliegenden Berge und Wälder im Wasser des **Rottachsees**.

*In Petersthal biegen wir rechts ab und verlassen den Ort erneut rechts über die Straße „Am Bux" (**Wegepunkt ❺**), die als Bodensee-Königssee-Radweg bzw. Radrunde Allgäu gekennzeichnet ist und sogleich deutlich ansteigt. Memersch und Haag liegen auf unserem Weg nach Oy-Mittelberg, das wir mit einer Abfahrt erreichen.*

Die Doppelgemeinde Oy-Mittelberg ist ein Touristenmagnet. Dies liegt am Status eines **Luftkurortes** und an der **Terrassenlage** mit tollem Bergblick.

In Mittelberg ist die **Kirche St. Michael** interessant – auf 1.036 m ist sie eine der höchstgelegenen Kirchen

Reisemobilstellplätze an oder nahe der Route

Wohnmobilstellplatz Nesselwang, An der Riesse, Nesselwang

Wohnmobilstellplatz am Buron, Grüntenseestraße 44, Wertach

Camping Grüntensee, Grüntenseestraße 41, Wertach

Campingplatz Wertacher Hof, Grüntenseestraße 12, Oy-Mittelberg

E-Bike Ladestationen an oder nahe der Route

E-Bike Ladestationen, Kemptener Straße 2, Nesselwang

Der Himmel auf Erden am Rotachsee

Bayerns. Seit dem 8. Jh. gibt es an dieser Stelle eine Kirche.

*Den Ortskern von Oy-Mittelberg verlassen wir auf der Wertacher Straße und folgen den Schildern des Bodensee-Königssee-Radwegs an dem großen Parkplatz nach links (**Wegepunkt ❻**) am Kurhaus-Spielplatz vorbei.*

Ein prachtvoller Park markiert den Sitz des Unternehmens **Primavera**, die sich als „Bio-Pioniere" verstehen und Bio- und Naturkosmetik, Pflegeöle, Pflanzenwässer und vieles mehr produzieren.

Die Kirche St. Michael ist auf 1.036 m eine der höchstgelegenen Deutschlands

Mit einem sanften Gefälle unterqueren wir die B310 und rollen nach Haslach.

Auch nach Haslach kommen die Gäste immer wieder gerne – viele auf den toll gelegenen **Campingplatz**.

*Parallel zur Bahnlinie fahren wir ein Stück auf der Grüntenseestraße durch die Kurve hindurch, dann rechts in die Dorfstraße (**Wegepunkt ❼**) und wieder rechts nach Gschwend. In einigen Schwüngen geht es hinter der Wertach nochmals etwas bergauf.*

Die aus dicken Natursteinen gefertigte 4 **Dohlebrücke**, auf der wir die Wertach überqueren, bekam den Namen vom Begriff „Rinne" oder „Loch", was gut passt, denn die Felswände rücken hier sehr nah zusammen.

Hinter Gschwend gelangen wir auf einen Weg parallel zur Landstraße. So rollen wir zurück nach Nesselwang, wo die Runde am Bahnhof endet.

Von Gschwend führt ein Abstecher zur **Wallfahrtskirche Maria Rain**. Einst soll ein Ritter das Bildnis Marias und des Jesuskindes an einem Baum angebracht haben. Da ganz in der Nähe Heilwasser aus dem Boden sprudelte, begaben sich schnell viele Pilger auf den Weg hierher.

Es geht durch eine wasserreiche Region

Tour 11

Länge 29 km

INSELSEEN – DIE INSELN DER RAD-GLÜCKSELIGKEIT

Rundtour von Kempten über Oberdorf und Waltenhofen

Bei dieser Tour lernen wir die hügelige Region südlich von Kempten genauer kennen. Meist geht es über kleine Sträßchen vorbei an idyllisch gelegen Bauernhöfen. Die Seenlandschaft rund um den Niedersonthofener See lockt zu einer längeren Rast und zu einem Sprung ins kühle Nass. Am Ende der Tour rollen wir entspannt auf dem Illerradweg retour nach Kempten.

Was erwartet mich?

29 km, eine sehr hügelige Tour mit zahlreichen Steigungen und Gefällstrecken auf einem Mix von Straßen, asphaltierten Wirtschaftswegen, naturbelassenen Wegen und Pfaden – zum Teil beschildert als Iller-Radweg.

Wie komm ich hin?

ÖPNV: Hauptbahnhof Kempten
Mit dem Auto: Parkplatz P2 am Bahnhof, Bahnhofsplatz 3, Kempten

Was muss ich sehen?

1. Edelweiss GmbH
2. Niedersonthofener See
3. Kirche St. Martin
4. Mariengrotte

Wo tank ich auf?

Rohrer Eis-Automat, Rohr 2, Waltenhofen-Rohr
Huberhof, Rohr 11, Waltenhofen-Rohr
Landgasthof Seehof, See 1, Waltenhofen
Bäckerei – Konditorei Speiser, Bürgermeister-Dürheimer-Straße 2, Waltenhofen-Martinszell

Kartentipp: **ADFC Regionalkarte Allgäu**

TOURSTART

Wir starten am Hauptbahnhof von Kempten, den wir hinter dem wuseligen Parkplatz durch einen Tunnel und mit dem Kreisverkehr nach links entlang der Bahnhofstraße verlassen.

Die herrliche Innenstadt von Kempten liegt nördlich von uns. Mehr Informationen über den Ort finden Sie im **Ortsporträt Kempten** (siehe S. 90).

Am großen Abzweig zum Heussring bleiben wir auf knallroter Fahrbahn geradeaus auf unserem Radweg an der Bahnhofstraße. Es geht durch ein Gewerbegebiet.

Würde strahlt das Kemptener Rathaus aus

Am Wegesrand liegt das Traditions-Unternehmen **1 Edelweiss GmbH**. Im Jahre 1892 gründete Karl Hoefelmayr hier in Kempten einen kleinen Betrieb, in dem zunächst ausschließlich Camembert hergestellt wurde. Diese Handwerkskunst hatte er zuvor in Paris erlernt und ließ sich 1893 die Marke „Edelweiss" schützen. Inzwischen werden rund 450 Personen beschäftigt, die namhafte Molkereiprodukte wie Brunch, Bresso, Milkana, Chavroux, LeTartare, Saint Albray oder Géramont produzieren.

*Hinter der Edelweiss GmbH rechts in den Adelharzer Weg (**Wegepunkt ❶**), der direkt ansteigt, uns aber in ruhige Natur geleitet. Es geht durch kleine Ortschaften (ACHTUNG: hinter „Am Gersbühl" biegen wir links ab, **Wegepunkt ❷**, Richtung Waltenberg), bevor sich der Weg an die B12 schmiegt.*

Auf hügeliger Strecke schalten wir gerne die Motoren an und genießen die weiten Felder mit guten Ausblicken. Gar nicht weit von uns ist das Unternehmen **Wildrad GmbH & Co.KG** im Industriegebiet Eggenberg beheimatet. Walter Eberle eröffnete im Jahr 1993 in einem Stall des elterlichen Bauernhofes das erste Fahrradgeschäft. Inzwischen gibt es den großen „CUBE STORE" mit einem breiten Produktsortiment und eine 400 qm große Servicewerkstatt.

*An der T-Kreuzung, bei Walkarts, unterqueren wir nach links die B12, zweigen an der nächsten T-Kreuzung rechts ab (**Wegepunkt ❸**), halten uns an der Weggabelung im Örtchen Rohr links und biegen in die nächste Straße rechts ein (**Wegepunkt ❹**).*

Wir radeln an mehreren Bauernhöfen vorbei. Darunter gibt es Ferien- und Milchhöfe, zu denen auch der **Huberhof** gehört. Hier werden Produkte wie Trinkmilch, Quark, Joghurt, Käse und vieles mehr aus frischer Kuh- und Schafmilch hergestellt. Aus der Milch Krainier Steinschafe wird der sogenannte „Fee-Taler" hergestellt, der wie Feta schmeckt. Dieses Produkt wird wiederum zum „Schwiegermutter-Käs" verarbeitet. Gerne lassen wir uns von diesem kulinarischen Leckerbissen überraschen, denn im Hofladen können wir alles für unsere weitere Tour kaufen!

*Die kleine Straße schlängelt sich kurvig in stetem Auf und Ab durch die Landschaft. An der nächsten T-Kreuzung fahren wir links in „Laubgarten" (**Wegepunkt ❺**), sofort rechts (vor der Kirche) und direkt hinter dem Schützenhaus links in „Insel".*

Milchprodukte, Fahrräder... was ist noch typisch für das Allgäu? Na freilich – die Trachten! Im Örtchen Memhölz gibt es die **Allgäuer Trachtenschneiderei**. Inhaberin Christina Carle legt großen Wert auf Passform und daher sind auch alle Trachten hier absolute Unikate! Wer lieber selber näht, findet eine große Auswahl an Stoffen, wobei auch die „angesagten" Stoffe zu haben sind. Oder wie wäre es mit einem „Edelweiß-Hosenträger-Stickkurs?

Der Weg namens Insel geleitet uns zum gleichnamigen Ort, wo wir vor dem Campingplatz links abbiegen.

Linkerhand erstreckt sich der Mitterinselsee, ein Stück dahinter der Unterinselsee und rechterhand der Oberinselsee, der in den deutlich größeren **2 Niedersonthofener See** übergeht. Er entwässert in die kleineren Seen, bedeckt eine Fläche von 135 ha. und entstand als Zunge des einstigen Illergletschers, d.h. er ist natürlichen Ursprungs. Kein Wunder, dass sich die Gewässer nahtlos in die sanfte Hügellandschaft des Allgäus einbetten. Mehr „See" geht wirklich nicht – und gebadet werden darf an vier offiziellen Badeplätzen auch!

Der schmale Weg trifft vor der B19 auf einen Querweg, dem wir nach rechts am Badestrand vorbei folgen. Weiter geradeaus auf der Seestraße geht's nach Oberdorf bei Immenstadt.

Reisemobilstellplätze an oder nahe der Route

Stellplatz Illerstadion, Jahnweg 12, Kempten

Wohnmobilstellplatz Süd, Wiesstraße 23, Kempten

Campingplatz Öschlesee, Moos 1, Sulzberg

Insel Camping am See, Insel 32-34, Waltenhofen

E-Bike Ladestationen an oder nahe der Route

keine Ladestationen nahe der Route

„Cella Sancti Martini" – im Jahre 1275 war von einer Pfarrei mit diesem Namen zu lesen. Fast 200 Jahre später, 1485, erhielt der Ort eine eigene Gerichtsbarkeit und das **Marktrecht**.

*In Oberdorf bei Immenstadt von der See- links in die Bergstraße (**Wegepunkt ❻**), die in einer Linkskurve in die Hauptstraße übergeht und leicht ansteigt. Rechts aus dem Kreisverkehr hinaus, dann direkt links in den Weg hinein, der unbemerkt die B19 überquert. Nun aufgepasst, denn es geht in engen Kurven steil hinunter! An der Querstraße rechts (**Wegepunkt ❼**) und vor der Kirche links in die Untere Dorfstraße.*

Selbstverständlich gibt es in Martinszell auch eine Kirche namens **3 St. Martin**. Fürstabt Honoruis Roth von Schreckenstein ließ im 18. Jh. das Gotteshaus errichten. Außer dem schlanken und spitzen Kirchturm müssen wir uns den barocken Innenraum ansehen: Die Kanzel, die Seitenaltäre und das Deckengemälde sind toll anzusehen!

In der Rechtskurve links, dann direkt wieder rechts, an der Weggabelung rechts und mit zwei weiteren Kurven gelangen wir ans Ufer der Iller, dem wir nach links folgen.

Ein Stück flussaufwärts, mit unseren Bikes aber nur mit einem bergigen Umweg über Sondert zu erreichen, liegt die **Ruine Langenegg**. Als man 1250 den Hauptturm errichtete, war die Lage wohlgewählt, denn er liegt hoch über der Iller, die hier eine enge Schleife vollzieht. Nach den Herren von Langenegg waren die Herren von Rauns, dann die Familien Winter Eigentümer der Burg. Unter dem Fürstabt von Kempten bahnte sich 1647 der Niedergang dieser Anlage an. Heute ragt noch ein Rest des **Bergfrieds** aus der üppigen Natur – es war zugleich der ehemalige Wohnturm der Burg.

Der Illerradweg verläuft komplett steigungsfrei stets in Ufernähe. So unterqueren wir später die A980 und kommen wieder ins Kemptener Stadtgebiet.

„Viel Gegend"
rund um Martinszell

Etwas abseits der Strecke liegt Rauns, das mit seiner 4 **Mariengrotte** ein ganz besonderes Highlight zu bieten hat. Ein Bauer errichtete dieses Meisterwerk während der Kriegsjahre zwischen 1916 und 1919 aus Dankbarkeit, dass er nicht zum Wehrdienst eingezogen wurde. Auf dem Weg dorthin kommen wir auch an der **Kirche St. Cosmas und Damian** vorbei, die 1250 auf Wunsch der Herren von Rauns errichtet wurde.

*In Kempten verlassen wir den Illerradweg direkt hinter der großen Bahn-Brücke (**Wegepunkt 8**), nachdem wir die kleine Insel passiert haben. Vom Illerradweg nach links, wenige Meter später am nächsten Querweg erneut links und rechts auf die Eicher Straße.*

*Wir treffen auf den Schumacherring (**Wegepunkt 9**) und folgen dem Radweg in einem weiten Linksbogen zurück zum Hauptbahnhof – unserem Ausgangspunkt.*

Kurz bevor wir den Hauptbahnhof erreichen, kommen wir am **Bayerischen Zentrum für Tourismus** vorbei, wo erforscht wird, wie man den Tourismus in Bayern erhalten und attraktiver machen kann.

Orts-
porträt

KEMPTEN

Herzlich Willkommen in einer der ältesten Städte Deutschlands! Gemeinsam mit Augsburg, Köln, Speyer, Trier, und Worms gehört Kempten zu den 6 Städten, die nachweislich um 15. v.Chr. existierten. Gerne wird Bezug auf den griechischen Geografen Strabon genommen, der eine keltische Stadt mit dem Namen „Kampodounon" beschrieb, was im keltischen „Siedlung (oder Burg) an der Flusskrümmung" bedeutete.

In den Geschichtsbüchern ist zu lesen, dass die Römer 15 v. Chr. eine keltische Siedlung eroberten. Von einer „Polis", einer Stadt namens Cambodunum war 18 n. Chr. die Rede. Nicht nur der keltische Name wurde unter den Römern beibehalten, von hier regierten sie auch die Provinz Rätien.

Im Jahre 752 gründeten Mönche aus St. Gallen hier ein Benediktinerkloster, das später ein Fürststift wurde. Für die Bürgerlichen erlangte die Stadt im Jahre 1289 die Reichsfreiheit, sehr zum Unmut der Kirche. So kam es, dass lange Zeit zwei Städte parallel nebeneinander existierten: Die Fürstabtei Kempten, genannt „Stiftsstadt" und die Reichsstadt Kempten. Erst als beide 1803 bayerisch wurden, gab es eine offizielle Vereinigung.

„Dolce far niente" am Marktplatz von Kempten

Heute ist Kempten von der Einwohnerzahl her die Nummer 1 im Allgäu – rund 70.000 Einwohner sind hier zu Hause. Bei den Städten mit mehr als 50.000 Einwohnern ist sie die am höchsten gelegene Deutschlands, denn die Altstadt liegt im Durchschnitt 672 m hoch. Und noch ein Superlativ: Im Jahre 1898 wurde in der Kemptener Zündholzfabrik der erste Dieselmotor der Welt angekurbelt.

Der Geschichte folgend beginnen wir unsere Stadterkundung am **Cambodunumpark**. Die Ausgrabungsstätte wird offiziell als **„Archäologischer Park Cambodunum APC"** bezeichnet. Als Verwaltungssitz der Provinz Rätien brauchte der Statthalter eine angemessene „Bleibe" und ließ sich das Praetorium errichten. Nachdem Augsburg die führende Rolle in Rätien

Im APC sind wir den Römern auf der Spur

übernommen hatte, wurden das Praetorium und die benachbarten Thermen umgebaut. Im APC ist eine erstklassige Symbiose aus Alt und Neu gelungen: Die Gebäude wurden originalgetreu rekonstruiert mit strahlend weiß getünchten Mauern und roten Dächern. Etwas darunter liegen Ausgrabungen und Funde, die uns einen guten Einblick in die einstigen Lebensverhältnisse gewähren. Nachdem wir uns Heizanlage, Latrinen, Tempelhalle, Basilika und zahllose Fundstücke angesehen haben, dürfen wir es nicht versäumen, den phantastischen Blick über die Stadt zu genießen.

Gar nicht weit entfernt vom APC und auf der selben Illerseite liegt der **Landschaftspark Engelhalde**. In weitläufigem und üppigem Grün gibt es reichlich Platz zum Erholen, aber auch einen Abenteuerspielplatz, eine Klettersportanlage und andere Attraktionen.

Mutprobe beim Klettern im Engelhaldepark Kempten

Auf der anderen Uferseite finden wir das „mittelalterliche" Kempten und steuern als erstes **Bäckergasse**, **Ankertörle** und **Ankergässele** an, die sicherlich eine der schönsten Ecken Kemptens formen. Viele der Häuser stammen aus dem 15. bis 19. Jahrhundert.

In Flussnähe liegt die sogenannte **Burghalde**. Hier verteidigten die Römer einst die an der Iller verlaufende Grenze. Auf dem Hügelstand erst ein Römerkastell, dann eine Burg. Auch heute noch lohnt sich der Aufstieg: Durch den mittelalterlichen Bering und das

„Mehrfach Spitze“: die Kirche St. Mang

imposante Burgtor erreichen wir die ehemalige Burg, die nun Mittelpunkt eines Naherholungsgebietes und Heimat des **Burgenmuseums** ist. Die **Freilichtbühne** wurde in Form eines Amphitheaters geschaffen. Ein Fest für den Geruchssinn verspricht eine Führung durch den Duftgarten zu werden, der hier auf der Burghalde eingerichtet wurde.

Die gute Stube der Stadt ist der **St.-Mang-Platz** mit der gleichnamigen Kirche, die zwischen 1426 und 1440 erbaut wurde und einen 66 m hohen Turm besitzt. Vor dem Gotteshaus steht ein echt „zickiger“ **Brunnen**. Gehen wir um die Kirche halb herum und wenden uns links, so wird der Blick frei auf herrliche Patrizierhäuser, die uns auf dem Weg zum **Rathausplatz** begleiten. Das

Rathaus entstand 1368 als Fachwerk-Kornschranne, wobei die Grundlagen des heutigen Steinhauses 1474 gelegt wurden. Der Rathausplatz ähnelt einer „italienischen Piazza". Ein perfektes Ambiente für eine Einkehr im Biergarten oder Café mit ganz viel „dolce vita"!

Als nächstes widmen wir uns der **Residenz**, eine wuchtige, barocke Doppelhofanlage. Die Rokoko-Ausstattung der Prunkräume und der Fürstensaal lassen erahnen, welche Macht einst von diesen Mauern ausging. Das nächste imposante Zeugnis der Vergangenheit ist nicht weit entfernt: Zu Füßen des 40 m hohen Westturmpaares durchschreiten wir Langhaus und Mittelschiff der **St.-Lorenz-Basilika**, um voller Erstaunen auf das Chorgestühl und in die reich verzierte Kuppel aufzublicken. St. Lorenz war im Jahre 1652 der erste große Kirchenbau nach dem 30jährigen Krieg und diente – was damals selten war – zugleich als Kloster- und als Pfarrkirche.

Nicht versäumen dürfen wir, um die Kirche herum zu gehen. Dort gelangen wir zur 1780 erbauten **Orangerie**, die als Abschluss des Hofgartens gedacht war.

Das Ensemble mit Kempten-Museum, Kirche St.-Lorenz und Residenz beeindruckt jeden Besucher

Auf halber Strecke dorthin liegt links der 1730 errichtete **Marstall**, in dem es gleich zwei Dinge zu sehen gibt: Die **Alpenländische Galerie** zeigt sakrale Kunst aus der Region und unter dem ausgefallenen Titel „Der Mensch und das Gebirge – von der Urzeit bis zur Gegenwart" finden wir das **Alpinmuseum**.

Noch mehr Bildung wartet im gegenüber der Kirche stehenden **Kornhaus**, das um 1700 erbaut wurde und das **Allgäu-Museum** beherbergt. Zu einer spannenden Zeitreise wird ein Spaziergang am **„Brauhausberg"** (Straße) entlang, denn hier lag einst das Wohn- und Handwerkerviertel der Stiftsstadt. Wer sich von den herrlichen alten Gassen und der Fürstenschule losreißen kann, kommt wieder retour zum Stiftsplatz. Von dort aus geht es zum **Hildegardplatz** mit dem 1732 erbauten **Landhaus** und weiter zum **Zumsteinhaus**. Es stammt von 1802 und gilt als schönstes Bürgerhaus Kemptens. Es beherbergt eine **naturkundlich / geologische Sammlung** und ein **Römermuseum**, mit dem wir unsere Tour geschichtlich in jener Zeit beenden können, in der wir sie im Cambodunum Park begonnen hatten.

Venedig? Nein, Memmingen!

Tour 12 Länge 57 km

ILLERTRÄUME

Rundtour von Memmingen über Lautrach nach Kempten

Der Illerradweg begleitet uns auf der gesamten Tour. Die Iller hat sich ein enges Tal gegraben, so dass wir teils über die Anhöhen drum herum radeln müssen. Diese „Umwege“ werden uns aber versüßt mit einer phantastischen Wallfahrtskirche und einer Mühle. Zum Ende der Tour wartet Kempten mit einem Ausflug in die Vergangenheit.

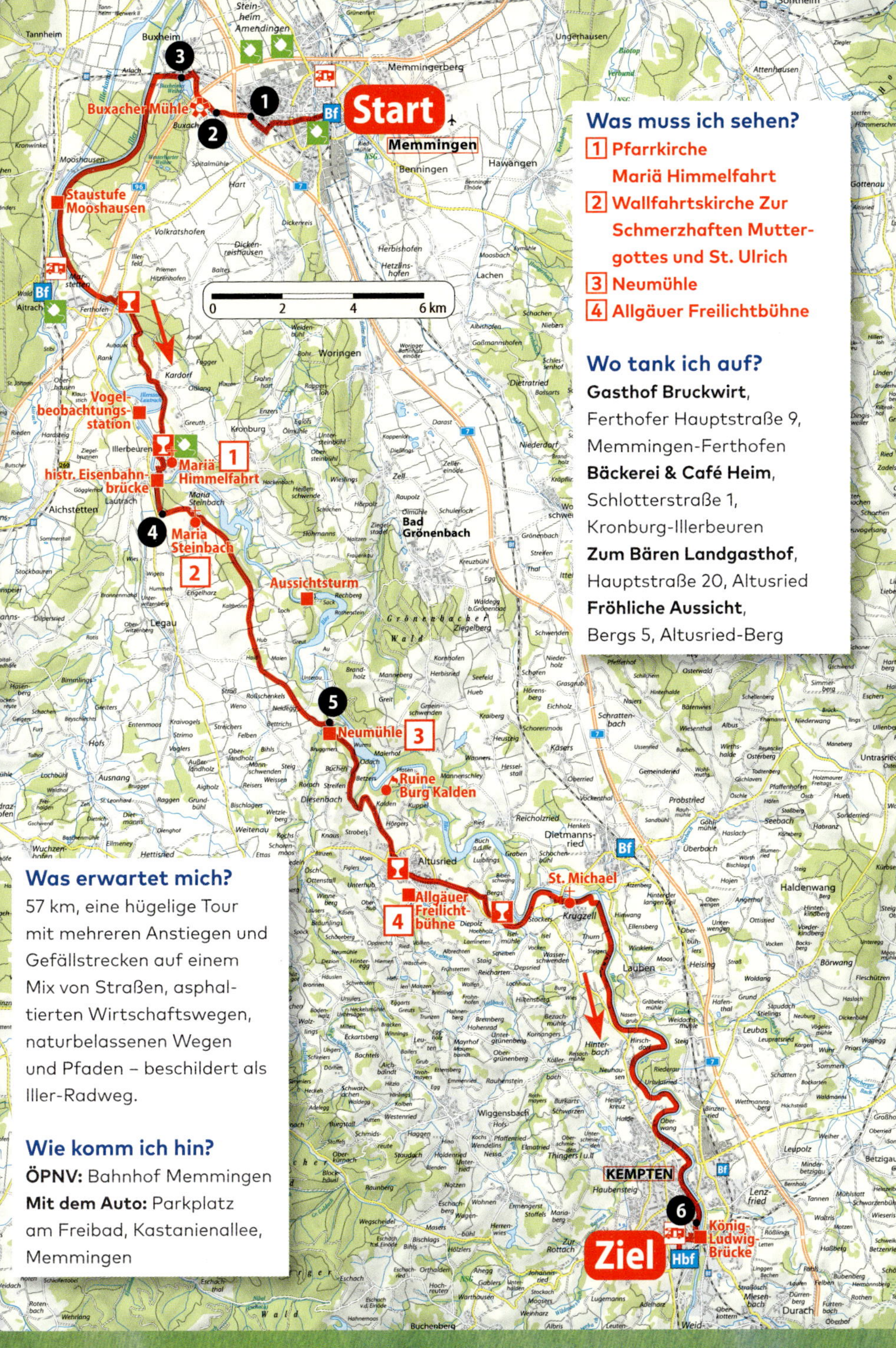

Was muss ich sehen?

1. Pfarrkirche Mariä Himmelfahrt
2. Wallfahrtskirche Zur Schmerzhaften Muttergottes und St. Ulrich
3. Neumühle
4. Allgäuer Freilichtbühne

Wo tank ich auf?

Gasthof Bruckwirt, Ferthofer Hauptstraße 9, Memmingen-Ferthofen
Bäckerei & Café Heim, Schlotterstraße 1, Kronburg-Illerbeuren
Zum Bären Landgasthof, Hauptstraße 20, Altusried
Fröhliche Aussicht, Bergs 5, Altusried-Berg

Was erwartet mich?

57 km, eine hügelige Tour mit mehreren Anstiegen und Gefällstrecken auf einem Mix von Straßen, asphaltierten Wirtschaftswegen, naturbelassenen Wegen und Pfaden – beschildert als Iller-Radweg.

Wie komm ich hin?

ÖPNV: Bahnhof Memmingen
Mit dem Auto: Parkplatz am Freibad, Kastanienallee, Memmingen

Kartentipp: **ADFC Regionalkarte Allgäu**

TOURSTART

Wir starten am Bahnhof von Memmingen, den wir geradeaus über die Maximilianstraße verlassen, um an deren Ende geradeaus über den Weinmarkt zum Roßmarkt zu rollen.

Die wunderschöne **Altstadt** von Memmingen macht uns den Abschied nicht leicht. Vom Bahnhof aus rollen wir auch über die Maximilianstraße, die sich wie ein roter Faden durch die Innenstadt zieht und teils autofrei gestaltet wurde.

Mehr Informationen über den Ort finden Sie im **Ortsporträt Memmingen** (siehe S. 102).

*Auch danach jeweils geradeaus über Schweizerberg, St. Josefs-Kirchplatz und Bismarckstraße. Hinter den Schienen von der Hühnerbergstraße rechts ab in „Im Mitteresch", dann links in die Buxacher Straße (**Wegepunkt ❶**), der wir an der T-Kreuzung nach rechts (**Wegepunkt ❷**) bis Buxheim folgen.*

Am Wegesrand liegt das Ensemble der **Buxacher Mühle**, die bis heute aus Getreidemühle, Wohnhaus und verschiedenen landwirtschaftlichen Nebengebäuden besteht. Vermutlich wurde die Mühle im 17. Jh. an dem Bach erbaut. Bis 1995 wurde hier mit Wasserkraft gemahlen.

*In Buxheim treffen wir auf die Pappelallee, biegen vor den Schienen links in „Am Weiherhaus" und fahren versetzt geradeaus über die Illerstraße (**Wegepunkt ❸**) zum Flussufer und folgen dem Iller-Radweg flussaufwärts.*

Hinter Buxheim können wir in perfekter Lage am Wasser direkt am Radweg ein kleines **Picknick** einlegen. Mehrere Tische und Bänke und sogar ein Grillplatz laden dazu ein, während die Iller neben uns rauscht.

Der ausgezeichnete Iller-Radweg geleitet uns vorbei an Ferthofen nach Kardorf.

Die **Iller** ist hier so etwas wie ein „Grenzfluss", denn auf der anderen Uferseite liegt Baden-Württemberg. Einige Kilometer weiter nördlich vermischen sich bei Ulm die Wogen der Iller mit denen der Donau.

Direkt am Wegesrand liegt die **Staustufe Mooshausen**. Schon 1909 einigen sich Bayern und das damalige Königreich Württemberg vertraglich darauf, dass die

Wasserkraft der Iller zur Gewinnung von Energie genutzt werden soll. Heute sind die insgesamt fünf **Laufwasserkraftwerke** wichtiger denn je, um grüne Energie zu erzeugen. So entstand auch der **Kardorfer Stausee**, den wir auch aus einer anderen Perspektive erkunden können: Ein Kanuverleih macht es möglich. Am anderen Ufer des Sees wurde eine **Vogel-Beobachtungsstation** eingerichtet.

Von Kardorf geht's weiter an der Iller entlang, ehe uns die Schilder des Iller-Radwegs durch den Ortskern von Illerbeuren leiten.

In Illerbeuren steuern wir die **1 Pfarrkirche Mariä Himmelfahrt** an, die etwas erhöht liegt und einen ungewöhnlichen Baustil aufweist. Das liegt daran, dass das untere Geschoss des Turmes noch aus dem 14. Jh. stammt, während der Rest des Turmes genau wie das Langhaus erst später erbaut wurden. Die Glocke hoch oben im Turm wurde laut Kennzeichnung bereits 1095 gegossen und ist damit wohl die älteste Glocke Schwabens.

Abwechslungsreich präsentiert sich die Pfarrkirche Mariä Himmelfahrt

Am gegenüber liegenden Flussufer erhebt sich das historische Gebäude der alten **Illermühle**. Bezaubernd spiegelt es sich im grünlichen schimmernden und glasklaren Wasser. Auch im Blick liegt die **historische Eisenbahnbrücke**, die den Fluss würdevoll überspannt. Ein idealer Ort also, um sich hier am **„Illerstrand"** für eine Rast niederzulassen.

*Mit der alten Eisenbahnbrücke wechseln wir auf das andere Ufer und folgen dem deutlich ansteigenden Radweg bis zur Querstraße. Hier zweigen wir links ab (**Wegepunkt** ❹ 4), schalten die E-Motoren auf volle Leistung und kurbeln hinauf in den Ort Maria Steinbach.*

Orts-
porträt

MEMMINGEN

Memmingen liegt verkehrsgünstig am Kreuz der Autobahnen A 7 und A 96. Und das war schon immer so – nein, die Autobahnen gab es freilich nicht schon immer. Aber die Lage an der Kreuzung bedeutender Handelsstraßen. So entstand schon früh ein schmuckes Städtchen, das mit einer Stadtmauer gesichert wurde. Noch heute sind davon rund 2 ½ km und 5 Tore erhalten.

Die Historie reicht noch weiter zurück. Unter der **St.-Martins-Kirche** befinden sich Spuren einer alten Römersiedlung. Später entstanden eine Alemannensiedlung und ein fränkischer Königshof. 1185 bekam Memmingen durch Herzog Welf VI die Stadtrechte verliehen, im Jahre 1445 wurde eine Stadtmauer erbaut, die vier Türme und das Ulmer Tor erhielt. Von besonderer Bedeutung war das Jahr 1525. Die Aufständischen im Bauerkrieg proklamierten damals die weltweit erste Erklärung der Menschenrechte.

Die etwas mehr als 40.000 Einwohner können stolz sein auf eine **Altstadt**, die uns am **Weinmarkt** prachtvolle Zunfthäuser präsentiert. Nicht anders ist es am **Markt-**

platz: Hier erheben sich wundervolle Häuser, wohin man sieht, wobei das reich verzierte **Rathaus**, das **Steuerhaus** und die **Großzunft** besonders ins Auge fallen.

Die Ulmer Straße führt vorbei am 1736 erbauten Rokokopalais namens **Parishaus**, in dem es eine Ausstellung des Memminger Künstlers Max Unhold gibt. Nur wenige Meter weiter entdecken wir das **Grimmelhaus** mit seinen herausgestellten Obergeschossen und das 1445 erbaute **Ulmer Tor**. Es ist eines der erhaltenen Tore der Stadtmauer. Früher gab es insgesamt 32 Tore und Türme entlang der Bewehrung.

Zurück am Marktplatz sind es nur wenige Meter bis zum **Martin-Luther-Platz**, an dem die **Stadtpfarr-**

Am Marktplatz wissen wir gar nicht, wohin wir zuerst blicken sollen

Durch´s Westertor in die Altstadt

kirche St. Martin empor ragt. Dabei kommen wir am **Hermansbau** vorbei. Das leuchtende, vierflügelige Palais wurde 1766 durch Benedikt von Hermann in Auftrag gegeben, der als Kaufmann in Venedig sein Geld machte. Kein Wunder, dass sein „Eigenheim" im Stile Venedigs erbaut wurde.

Hinter der Fassade des strengen Backsteinbaus von **St. Martin**, der im Wesentlichen ab 1410 entstand, verbergen sich nicht nur schöne Wandmalereien, sondern mit dem detailliert geschnitzten Chorgestühl und der geschmückten Kanzel auch Herausragendes der Kirchenkunst. Einige Meter von der Martinskirche aus die Zangmeisterstraße hinein finden wir mit dem **Westertor** das älteste Tor der Stadt. Die ältesten Teile stammen aus dem 12. Jh., das Äußere aus der Zeit um 1660.

Ansehen müssen wir uns auch noch das **Siebendächerhaus**. 1601 in Auftrag gegeben, nutzte es die Weberzunft zum Trocknen der Felle. Diese hingen dort, wo wir heute Fenster sehen. Nach einem schweren Bombentreffer im Zweiten Weltkrieg stand nur noch das Fachwerkgerippe. Die Memminger Bürger gaben sich sofort daran, das Haus abzustützen, mit Seilzügen wieder aufzurichten und mit Originalteilen wieder aufzubauen.

Bild links:
Schöner als hier im Rathaus kann man wohl kaum regieren
Bild rechts:
Zu eng zum Radeln und zu schön, um vorbei zu gehen!

Wenn wir zur rechten Zeit in Memmingen sind, können wir den **Markt** besuchen, den es jeden Samstag gibt. Die hier angebotenen Speisen verursachen Sturzbäche im Gaumen!

Mit Karneval – pardon, Fasching – hat es nichts zu tun, wenn sich mehr als 700 kostümierte Bürger in den Straßen Memmingens tummeln. Sie sind auf dem Weg zum **Stadtbach**, der immer eine Woche vor den Sommerferien gereinigt wird. Schon seit dem 16. Jh. wird das zünftig mit dem **Fischertag** gefeiert. Tausende von Menschen schauen dann zu, wie sich die „Fischer" mit Käschern bewaffnet nach einem Böllerschuss in die Fluten stürzen. Wer die schwerste Forelle fängt, wird zum König gekürt und darf seinen Vorgänger – nachdem der noch etwas Gutes zu Essen bekam – mit einem Fußtritt vom Thron stoßen. Zu dem bunten Treiben gehören auch ein großer Festzug und die Feier der Grundschulkinder, dass es nun endlich Ferien gibt.

Wem das zu viele Menschen sind, steigt einfach im Rahmen einer Führung auf den Turm von **St. Martin**. Nach dem Aufstieg werden wir mit einem wundervollen Ausblick weit über das Land belohnt.

Leutkirch

Tour 13 Länge 39 km

SURRENDE ELEKTROMOTOREN IM UNTERALLGÄU

Rundtour von Leutkirch im Allgäu über Lautrach und Legau

Knapp 40 km ist diese Rundtour lang, die uns durch die kleineren Orte des Unterallgäus führt. Unsere Elektroantriebe werden wir dabei sehr zu schätzen wissen, denn es geht immer wieder kurz aber „knackig" bergauf. Die Route führt dabei größtenteils über die „Radrunde Allgäu", was die Orientierung durch die Beschilderung meist recht einfach macht.

Was erwartet mich?

39 km, eine sehr hügelige Tour mit zahlreichen Steigungen und Gefällstrecken auf einem Mix von Straßen, asphaltierten Wirtschaftswegen, naturbelassenen Wegen und Pfaden – zum Teil beschildert als Radrunde Allgäu und Jakobusweg.

Wie komm ich hin?

ÖPNV: Bahnhof Leutkirch im Allgäu

Mit dem Auto: Parkplatz Am Bahnhofspark, Bahnhof, Leutkirch

Was muss ich sehen?

1. Gotisches Haus
2. Pfarrkirche St. Gordian und Epimachus
3. Wallfahrtskirche Maria Schnee
4. Aussichtsturm mit Hängebrücke

Wo tank ich auf?

Traditions-Gasthaus Bayerischer Hof, Kemptener Straße 53, Leutkirch

Rapunzel Naturkost Bio-Markt, Rapunzelstraße 2, Legau

Bäckerei Sonntag, Malerweg 8, Legau

Bäckerei & Café Heim, Schlottergasse 1, Kornburg-Illerbeuren

Kartentipp: **ADFC Regionalkarte Allgäu**

TOURSTART

*Wir starten am Bahnhof von Leutkirch im Allgäu, den wir am Kreisverkehr geradeaus („Bahnhof") verlassen. Die nächste Straße rechts in die Storchenstraße, am Ende links in die Wagener Straße und am Kreisel geradeaus bis zur Grabenstraße (**Wegepunkt ❶**).*

Zwei Dörfer wurden zur „Leutekirche" zusammengeschlossen

Leutkirch im Allgäu blickt auf eine spannende Vergangenheit zurück: Schon aus den Zeiten der Völkerwanderung wurden hier Spuren gefunden. Später entwickelten sich zwei Dörfer, die zusammenwuchsen und als neues Zentrum die „Leutekirche" bildeten, was den Stadtnamen erklärt. König Adolf von Nassau machte Leutkirch 1293 zur Reichsstadt, die mit dem Leinwandhandel eine gute Einnahmequelle hatte. Rund 200 Weber sorgten für Wohlstand und europaweiten Handel. Bis heute ist diese Historie spürbar und teils auch sichtbar, wie am 1741 erbauten, farbenfroh getünchten **Rathaus**, das mit seinen Arkaden und den reich verzierten Fenstern Würde ausstrahlt. Rund herum finden wir eine abwechslungsreiche **Altstadt**, die als „Gesamtanlage" unter Denkmalschutz steht. Dazu zählen auch der Pulver- und der Bockturm, das **ehemalige Kloster**, das heute ein Wohnhaus ist, das 1408 erbaute **Spital**, in dem heute das Stadtbauamt tätig ist, das Kornhaus mit einer tollen Treppe oder das **1 Gotische Haus**, das zu einem der fünf bedeutendsten Denkmälern der Region zählt. 1379 fertiggestellt, hat es zum Marktplatz eine eher unauffällige Fassade, auf der Hofseite jedoch erkennen wir das wahre Alter dieses Schatzes.

*An der Ampel biegen wir rechts ab in die Obere Vorstadtstraße und weiter geradeaus in die Kemptener Straße. Diese verlassen wir hinter der Bushaltstelle nach links auf der Balterazhofer Straße (**Wegepunkt ❷**).*

Etwas links von uns erhebt sich die **„Wilhelmshöhe"**. Wenn nicht gerade Kirmes ist, lohnt sich der kleine Abstecher, denn nach wenigen Minuten wird es deutlich ruhiger und je höher wir kurbeln, desto besser werden die Fernsichten.

*Die Balterazhofer Straße steigt sogleich deutlich an und folgt dem Verlauf der Radrunde Allgäu. Die Schilder lotsen uns vorbei an Balterazhofen und Hasenberg. Danach verlassen wir die Radrunde Allgäu (**Wegepunkt ❸**) und fahren geradeaus über Rotis nach Legau, das wir mit einer entspannten Abfahrt erreichen.*

Schnell übersehen hat man auf einem Hügel bei Rotis das Hinweisschild auf den **„Burgturm Rotis"**. Bereits im Jahre 861 gab es hier ein Lehen des Klosters St. Gallen, das später in den Besitz der Grafschaft Markstetten überging. Rotis ist bekannt für seine **„Atelierhäuser"**. In den 1980er Jahren wurden diese durch den Grafiker und Typografen Otl Aicher entworfen – bis heute finden hier Seminare statt.

Legau präsentiert zwei Gotteshäuser: St. Georgian...

Aus 51 Dörfern, Weilern und Einöden setzt sich Markt Legau zusammen. Bereits bei unserer Abfahrt konnten wir die **2 Pfarrkirche St. Gordian und Epimachus** erkennen, deren Turm weit über die Dächer Legaus hinaus ragt. Im Jahre 1897 erhielt das Gotteshaus sein neuromanisches Äußeres und seinen strahlenden Innenraum mit einem auffälligen rechten Seitenaltar und filigraner Prozessionsstange.

Ebenfalls weit über das Allgäu hinaus bekannt ist das hier ansässige Unternehmen Rapunzel Naturkost GmbH. Mit einer Stammeinlage von nur 3.000 DM gründete das Ehepaar Vermeulen 1974 das Unternehmen, das sich von Beginn an für ökologische Landwirtschaft, soziale Gerechtigkeit und fairen Handel einsetzte. Die Architektur der Gebäude ist auch etwas ganz Besonderes, nicht nur wegen des Rapunzelturms!

Legau verlassen wir vom Marktplatz über die Lehenbühlstraße.

Am Ortsausgang von Legau entdecken wir linkerhand die **3 Wallfahrtskirche Maria Schnee**. Nicht nur die Lage am Feldrand ist es wert, sondern auch die wertvolle Innenausstattung mit filigran gearbeiteten Hoch- und Nebenaltären. Ursprünglich gehörte das Gotteshaus zum Pestfriedhof auf der anderen Straßenseite.

... und Maria Schnee

Reisemobilstellplätze an oder nahe der Route

Wohnmobilstellplatz, Kemptener Straße 62, Leutkirch

Wohnmobilstellplatz am Bauernhof, Kimratshofer Straße 26, Legau

Campingplatz Franz Heckelsmüller, Kimratshofer Straße 24, Legau

E-Bike Ladestationen an oder nahe der Route

LEW Ladestationen, Haid 20, Legau

E-Bike-Ladestationen, Schmiedbergstraße 10, Kronburg-Illerbeuren

Nachdem um 1510 ein Gnadenbild Einzug hielt, kamen die Pilger, so dass eine größere Kirche erforderlich wurde.

Am Wegesrand liegt die **Umweltstation Unterallgäu** mit einem Bildungszentrum auf einer Fläche von mehr als 60.000 qm. Die Umweltstation bietet naturnahe Unterkünfte im Hüttendorf oder auf dem Zeltplatz, vor allem aber einen großen Seminar- und Tagungsbereich.

*Hinter dem Bildungszentrum links in die Straße namens „Haid" (**Wegepunkt ❹**). Über die kleine Kreuzung im Feld geradeaus hinweg, dann bei den Höfen links, die nächste rechts (**Wegepunkt ❺**) und immer weiter auf dem Sträßchen. Es geht kurvig an einem Parkplatz vorbei, dann steil hinunter zum Iller-Ufer.*

Nach der entspannten Abfahrt erreichen wir die Iller mit dem **Wasserkraftwerk Legau**, in dem schon seit 1938 grüne Energie gewonnen wird. Der 2015 eröffnete **4 Aussichtsturm** erfordert Schwindelfreiheit, eröffnet uns aber neue Perspektiven auf die Iller. Anschließend geht es spektakulär über die **Hängebrücke**.

*Auf der anderen Seite der Iller rechts und in teils engen Kurven den Berg hinauf. In Oberbinnwang treffen wir auf die Radrunde Allgäu (**Wegepunkt ❻**) und folgen ihr durch Unterbinnwang und (links) Wagsberg nach Illerbeuren.*

Illerbeuren haben wir uns auf **Tour 12** bereits genauer angesehen. Wer es auf dieser Tour noch nicht getan hat, sollte unbedingt das **Schwäbische Bauernhofmuseum** besuchen. Wunderbare alte Bauernhäuser, viele davon mit Fachwerk und originalgetreuer technischer Ausstattung, vermitteln uns einen perfekten Eindruck vom bäuerlichen Leben anno dazumal.

In Illerbeuren führt die Radrunde Allgäu über die historische Eisenbahnbrücke auf´s andere Ufer.

Ein kleiner Schlenker führt durch Lautrach, wo sich das stolze **Schloss Lautrach** inmitten eines bestens gepflegten Parks erhebt.

Der Radweg verläuft auf einem teils nicht asphaltierten Weg und steigt teils ordentlich an, so dass die Elektroantriebe etwas zu tun bekommen.

Nervenkitzel auf der Hängebrücke und auf dem Turm

Ein Abstecher führt zur **Wallfahrtskapelle Maria Steinbach**, der wir uns auch bereits bei Tour 12 gewidmet haben.

Oben an der querenden Straße rechts und direkt geradeaus über die Kreuzung hinweg.

„Ihr Gewässer alle lobet den Herrn" – so lesen wir es auf einem großen Stein und entdecken das Antlitz von Pfarrer Sebastian Kneipp dazu. Es ist die beste Gelegenheit, unsere Bikes abzustellen und die **Kneipp-Gesundheitsanlage** auszuprobieren.

*An der Kneipp-Anlage weist uns ein Radwegeschild den Weg nach Leutkirch – es werden noch 12 km sein. Dafür zweigen wir rechts auf die Dilpersrieder Straße ab (**Wegepunkt ❼**), die uns mit entspannter Abfahrt zum gleichnamigen Ort bringt, den wir geradlinig durchrollen.*

Bei Dilpersried steht die im 18. Jh. erbaute **Kapelle St. Maria** mit einer kleinen Zwiebelkuppel.

Kirche St. Maria mit einem schönen Glockentürmchen

*Hinter dem Solarpark rechts in die Straße namens „Ottmannshofen", die weiter bergab führt. Unten treffen wir auf eine Querstraße (**Wegepunkt ❸**). Dieser folgen wir nach rechts und radeln auf derselben Strecke wieder nach Leutkirch, auf der wir herkamen. Die Runde endet am Bahnhof.*

Gegen Ende der Tour kommen wir an **Stadtweiher Leutkirch** vorbei, wo es ein **Freibad**, ein **Kneippbad**, und eine **Spieloase** gibt.

Memmingen – wie im Bilderbuch!

Tour 14 Länge 48 km

EINE FARBENFROHE ALTSTADT

Rundtour von Memmingen über Woringen und Bad Grönenbach

Es fällt schwer, sich in Memmingen auf die E-Bikes zu schwingen und los zu radeln, denn die Altstadt gilt zurecht als eine der schönsten Süddeutschlands. Aber es lohnt sich, denn zunächst lockt Buxheim mit seinem prachtvollen Kloster, ehe wir entspannt über den Iller-Radweg rollen. Der Rückweg wird uns mit weiteren Highlights wie dem Hohen Schloss von Bad Grönenbach oder der Riedkapelle versüßt.

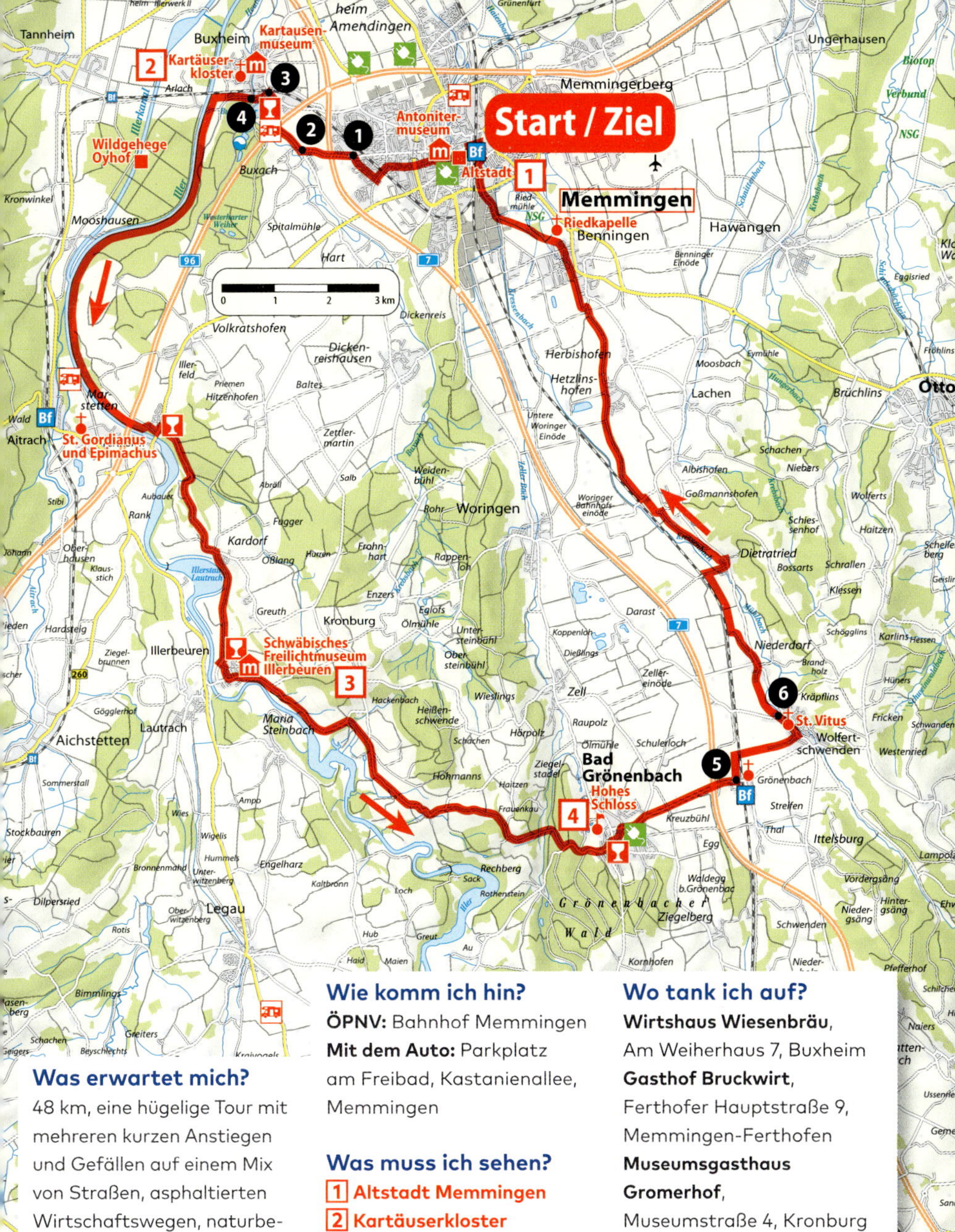

Wie komm ich hin?

ÖPNV: Bahnhof Memmingen
Mit dem Auto: Parkplatz am Freibad, Kastanienallee, Memmingen

Was muss ich sehen?

1. Altstadt Memmingen
2. Kartäuserkloster Buxheim
3. Schwäbisches Freilichtmuseum
4. Schloss Bad Grönenbach

Wo tank ich auf?

Wirtshaus Wiesenbräu, Am Weiherhaus 7, Buxheim
Gasthof Bruckwirt, Ferthofer Hauptstraße 9, Memmingen-Ferthofen
Museumsgasthaus Gromerhof, Museumstraße 4, Kronburg
Café Bistro Zum Kohlenschieber, Marktplatz 4b, Bad Grönenbach

Was erwartet mich?

48 km, eine hügelige Tour mit mehreren kurzen Anstiegen und Gefällen auf einem Mix von Straßen, asphaltierten Wirtschaftswegen, naturbelassenen Wegen und Pfaden – zum Teil beschildert als Iller-Radweg und Radrunde Allgäu/Kneipp-Radweg.

TOURSTART

Wir starten am Bahnhof von Memmingen, den wir geradeaus über die Maximilianstraße verlassen, um an deren Ende geradeaus über den Weinmarkt zu rollen.

[1] **Memmingen** gilt als **einer der schönsten Altstadtkerne Süddeutschlands**. Wir haben also vor und nach der Tour reichlich zu sehen, was wir mit einer Shoppingtour und einem guten „Einkehrschwung" in der vielfältigen Gastronomie noch erweitern können. Übrigens: Die **Fußgängerzone** gibt es bereits seit den 1970er Jahren – es war damals das erste Mal, dass in Deutschland eine Bundesstraße zur autofreien Meile wurde.

Mehr Informationen über den Ort finden Sie im **Ortsporträt Memmingen** (siehe S. 102).

Den Weinmarkt verlassen wir geradeaus über den Roßmarkt, auch danach jeweils geradeaus über Schweizerberg, St. Josefs-Kirchplatz und Bismarckstraße. Nachdem wir die Schienen überquert haben, zweigen wir von der Hühnerbergstraße rechts ab in „Im Mitteresch".

Wir haben die Innenstadt von Memmingen noch lange nicht verlassen, da gibt es schon wieder Grund genug, die E-Bikes zu stoppen, denn rechts neben uns liegt das Memminger Marionettentheater und direkt daneben das Antoniter- und Strigel-Museum im vierflügeligen **Antoniterhaus**. Der Antoniterorden hatte sich der Krankenfürsorge verschrieben, was hier im Museum gewürdigt wird. Gleich nebenan stehen auch die **Klosterkirche St. Antonius Eremita** und der sogenannte **Fuggerbau**. Dieser wurde im Jahre 1581 als Wohn- und Lagerhaus für Jakob Fugger errichtet und dient heute als Stadtmuseum.

*An der nächsten Querstraße links in die Buxacher Straße (**Wegepunkt ❶**), der wir an der T-Kreuzung nach rechts (**Wegepunkt ❷**) auf dem straßenbegleitenden Radweg bis Buxheim folgen. Die Ortsmitte ist rasch erreicht.*

Nur wenige Meter links von unserem Radweg liegt der **Buxheimer Weiher** mit Badestränden, Walderlebnispfad und einem Campingplatz. Im anschließenden dichten Buxheimer Wald verstecken sich der Waldweiher und der **Buxheimer See**, an dem es eine weitere idyllische Badestelle gibt.

Das Kartäuserkloster gilt als eine der schönsten Klosteranlagen Deutschlands

Mitten in Buxheim erhebt sich ein ehemaliges 2 **Kartäuserkloster**, das als eine der schönsten Klosteranlagen von ganz Deutschland gilt. Strahlend weiß getüncht, dezent verziert und von einer imposanten Größe liegt die Kartause vor uns. Die Historie der Anlage geht bis ins 11. Jh. zurück. In der Kartausenkirche finden wir ein barockes Chorgestühl, das 1883 nach England verkauft wurde und erst 1980 von dort zurück kam. Der Bezirk Schwaben ließ sich das rund 1 Mio. Euro kosten. Die St. Anna-Kapelle ist der Höhepunkt des Kloster-Rundganges. 1739-40 wurde sie im Rokoko-Stil umgebaut. Mehr über das Kloster und die Historie dazu erfahren wir im Deutschen **Kartausenmuseum**.

*In Buxheim biegen wir von der Pappelallee in die Straße „Am Weiherhaus" (**Wegepunkt** ❸) und fahren versetzt geradeaus über die Illerstraße (**Wegepunkt** ❹) zum Flussufer und folgen dem Iller-Radweg flussaufwärts.*

Jenseits der Iller liegt in Tannheim das **Wildgehege Oyhof**. Es ist einfach herrlich, den Wildschweinen beim Suhlen zuzusehen. Auch Mufflons und Rehe freuen sich, wenn wir uns am Futterautomaten bedienen und sie mit den Leckereien füttern.

Reisemobilstellplätze an oder nahe der Route

Wohnmobilstellplatz Memmingen, Colmarer Straße, Memmingen

Camping am See, Am Weiherhaus 7, Buxheim

Park-Camping Iller, Illerstraße 57, Aitrach

Wohnmobilstellplatz am Bauernhof, Kimratshofer Straße 26, Legau

Die Tour führt weiter am Iller-Ufer entlang und tangiert Ferthofen, während sich auf der anderen Uferseite Aitrach erstreckt.

Schnell übersehen haben wir das **ehemalige württembergische Zollamt**, das sich in Ferthofen befindet und davon zeugt, dass es hier nicht immer ohne Kontrollen von Ufer zu Ufer ging.

Die 3.000-Einwohner-Gemeinde Aitrach liegt am anderen Ufer der Iller und damit in Baden-Württemberg. Unübersehbar ist die **Pfarrkirche St. Gordianus und Epimachus**, die 1924 in feinstem Barockstil errichtet wurde.

Der Iller-Radweg steigt etwas an und führt durch Kardorf nach Illerbeuren. Dahinter geht es auf der ausgeschilderten „Radrunde Allgäu" mit hügeligem, teils auch gebirgigem Verlauf via Wagsberg, Unter- und Oberbinnwang nach Bad Grönenbach.

Das **3 Schwäbische Freilichtmuseum Illerbeuren** dürfen wir uns keineswegs entgehen lassen, denn es wurde schon 1948 durch den Bildhauer und Restaurator Hermann Zeller ins Leben gerufen. Damit ist es das älteste Freilichtmuseum in ganz Süddeutschland. In den folgenden Jahrzehnten wuchs das Bauernhofmuseum stetig weiter, so dass uns heute 30 Gebäude in längst vergangene Zeiten entführen. Sie wurden an verschiedenen Stellen abgetragen und hier wieder zum Leben erweckt. Das Museumsdorf ist dabei so etwas wie das „Dorf im Dorf" – prachtvolle **Fachwerkhäuser** bieten Einblicke in alte Wohnstätten und Wirtschaftsgebäude wie eine Maschinenwerkstatt. Drum herum entdecken wir viele landwirtschaftliche Maschinen, eine Sägewerkstatt und vieles mehr.

Bad Grönenbach mit farbenfrohem Schloss...

Der schmucke **Marktplatz** von Bad Grönenbach verrät uns, dass der Ort auf eine lange Historie zurückblickt, die bis in die Bronzezeit zurückreicht. Von hier lockt uns das im 12. Jh. erbaute **4 Hohe Schloss** hoch auf dem Schlossberg, die Akkus anzuschalten und hinauf zu kurbeln. Allein der Blick auf das Schloss und die herrliche Fernsicht von hier oben

lohnen für die Mühen. Seit seiner Adelung Grönenbachs zum **Kurort** kommen viele Patienten in den Ort, um ihre Leiden lindern oder heilen zu lassen. Neben „schulmedizinischen" Anwendungen können natürlich auch Kneipp-Kuren wahrgenommen werden.

... und bilderreichem Rathaus

*Bad Grönenbach verlassen wir mit der Radrunde Allgäu (Kneipp-Radweg) entlang der Bahnhofstraße, die uns unter der A7 hindurch führt. Direkt vor dem Bahnübergang links in den Weg (**Wegepunkt** ❺) und bei nächster Gelegenheit rechts unter den Schienen her. So wird Wolfertschwenden erreicht.*

Unmittelbar hinter dem Bahnübergang steht eine kleine **Kapelle**, die zur Straße hin weiß getüncht wurde, während die Seitenwände im dunklen backsteinrot gehalten sind. Beim Blick ins Innere entdecken wir eine sehr aufwändig gestaltete Figurengruppe.

In Wolfertschwenden widmen wir uns der farbenfrohen **Pfarrkirche St. Vitus**, die im Innern kostbare Altäre und eine hölzerne Kanzel verbirgt.

*Wolfertschwenden verlassen wir auf der Radrunde Allgäu (Kneipp-Radweg), die neben der Hauptstraße verläuft, wobei wir am Ortsende in der Kurve rechts in den Prielweg abzweigen (**Wegepunkt** ❻). Der Themenradweg verläuft meist neben der Bahnlinie und bringt uns nach Benningen.*

Kurz vor Ende der Tour entdecken wir die **Riedkapelle** am Ortsrand von Benningen. Ein Hostienwunder war im Jahre 1218 der Anlass für die Errichtung des Gotteshauses.

Von Benningen sind es nur noch wenige Minuten ins Zentrum von Memmingen, wo die Tour am Bahnhof endet.

E-Bike Ladestationen an oder nahe der Route

LEW Ladestationen, Schrannenplatz 7, Memmingen

Rad- und Rollercenter, Rudolf-Diesel-Straße, Memmingen

Cineplex, Fraunhoferstraße, Memmingen

Ladestation, Sonnenstraße 4, Bad Grönenbach

Kloster Ottobeuren zieht jeden Betrachter in den Bann

Tour 15 Länge 28 km

BAROCKE PRACHT IN PERFEKTION

Rundtour von Bahnhof Bad Grönenbach über Ottobeuren und Wolfertschwenden

Der ausgezeichnete Kneipp-Radweg bildet den roten Faden für diese Runde, die nach rund 20 entspannten Radel-Kilometern ihren absoluten Höhepunkt findet. Das Kloster Ottobeuren zieht uns mit der Basilika St. Alexander und Theodor sofort in ihren Bann. Wer sich irgendwann lösen kann, rollt weiter auf hügeliger Strecke wieder retour.

Was erwartet mich?

28 km, eine hügelige Tour mit zwei kräftigen Anstiegen auf einem Mix von Straße, asphaltierten Wirtschaftswegen, naturbelassenen Wegen und Pfaden – zum Teil beschildert als Radrunde Allgäu/Kneipp-Radweg.

Wie komm ich hin?

ÖPNV:
Bahnhof Bad Grönenbach (Gleis 1 stufenfrei)

Mit dem Auto:
Parkplatz am Bahnhof, Unterthal, Bad Grönenbach

Was muss ich sehen?

1. Bibliothekssaal
2. Klosterkirche St. Alexander und Theodor
3. Lourdesgrotte
4. Kneipp-Aktiv-Park

Wo tank ich auf?

Bahnhofsgaststätte, Bahnhof-Einöde 19, Woringen-Grossmannshofen
Allgäuer Windbeutelparadies im Ratskeller, Marktplatz 16, Ottobeuren
Backhaus Häussler, Marktplatz 9, Ottobeuren
Bäckerei Fähndrich, Hauptstraße 41, Wolfertschwenden

Kartentipp: **ADFC Regionalkarte Allgäu**

TOURSTART

*Wir starten am Bahnhof von Bad Grönenbach, der jenseits der A7 bei einem Gewerbegebiet liegt. Den Bahnhof verlassen wir nach links, queren die Landstraße versetzt auf die andere Seite der Bahnschienen, biegen rechts ab (**Wegepunkt ❶**) und gelangen so nach Wolfertschwenden.*

Hinter dem Mühlbach, der neben uns plätschert, erheben sich die **„Geologischen Orgeln"**. Sie sind eine einzigartige Formation, die durch Witterungsprozesse im Gestein, dem sogenannten „Nagelfluh" entstanden sind. Bis zu 15 m hoch sind die 600.000 Jahre alten Röhren, die tatsächlich wie Orgelpfeifen aussehen. Wenn der Wind aus der richtigen Ecke weht, können wir die Orgeln sogar hören!

*Wir rollen bereits auf dem Kneipp-Radweg, wobei uns auch die Schilder der Radrunde Allgäu begleiten. Es geht durch Niederdorf und Dietratried vorbei an Goßmannshofen zur Woringer Bahnhof-Einöde (**Wegepunkt ❷**).*

In der Nähe unseres weiteren Weges liegt das **„Landkreisbiotop Goßmannshofen"**. In einer ehemaligen Lehmgrube wurde auf einer riesigen Fläche von 5 ha ein Landschaftsschutzgebiet mitsamt eines Sees ausgewiesen. Es wurde zu einem echten Paradies für Insekten und Wasservögel.

Vom Bahnhof aus bringt uns der Kneipp-Radweg vorbei an Hetzlinshofen, Herbishofen und Moosbach zu einem Kreisverkehr. Ab hier folgen wir dem Radweg neben der Landstraße nach rechts ins Zentrum von Ottobeuren.

Ein gewisser Uot soll es gewesen sein, der um 550 an dieser Stelle eine Siedlung gründete, die Uotbeuren genannt wurde. Im 8. Jh. wurde Ottobeuren fränkischer Reichshof, ehe das Benediktinerkloster gegründet wurde.

Von unbeschreiblicher Schönheit: Klosterkirche St. Alexander und Theodor

Staunen ist angesagt bei der im Jahre 764 durch Gaugraf Silach gegründeten **Klosteranlage**, die in dieser Form im 18. Jh. neu errichtet wurde. Lange Mauern schützen das Freigelände, hinter dem sich die strahlend weißen Klostergebäude erheben. Hier finden wir die **Benedictuskapelle** (18.Jh.), herausragende Kunstsammlungen und den ehemaligen **1 Bibliothekssaal**. Dieser wäre mit den Marmorpfeilern, Verzierungen und Deckengemälden auch ohne die Bücher eine Augenweide. Nicht minder imposant sind das Theater und der **Kaisersaal**, in dem 16 Statuen von Habsburger Kaisern stehen. Hier haben schon berühmte Dirigenten wie Karajan oder Bernstein den Taktstock geschwungen, wenn die Ottobeurer Konzerte stattfanden. Die Räume sind berühmt für ihre Klangfülle – ein Musikgenuss der Extraklasse! Viele der barock ausgestatteten Räume können wir beim Besuch des **Klostermuseums** bestaunen.

Die Krönung der sakralen Kunst ist die 89 m lange **2 Klosterkirche St. Alexander und Theodor**, die wir mit ihren 82 m hohen Doppeltürmen schon lange im Visier hatten. Von 1736 bis 1766 wurde an der Barock-Basilika gebaut. In der kreuzförmigen Halle schweift der Blick hinauf zur 25 m hohen Vierungskuppel. Auch das 1754

Reisemobilstellplätze an oder nahe der Route

Camping Ottobeuren, Hawanger Straße 20, Ottobeuren

E-Bike Ladestationen an oder nahe der Route

Lechwerke AG, Marktplatz 6, Ottobeuren

Ladestation, Sonnenstraße 4, Bad Grönenbach

erbaute Chorgestühl, der Hochaltar von 1763 und die anderen 16 Altäre sind wahrhafte Meisterwerke. Noch älter ist das Kruzifix am Kreuzaltar, es dürfte aus dem 12. Jh. stammen.

Ganz in der Nähe liegt das **Benediktinermuseum**, das vom Leben im ehemaligen Reichsstift erzählt. Der Mitteltrakt des Klosters trennt seit jeher den geistlichen und den weltlichen Teil der Klosteranlage.

Der rund 8.000 Einwohner zählende Ort Ottobeuren darf sich **Kneipp-Kurort** nennen. Im Ortsteil Stephansried wurde am 17. Mai 1821 der berühmte Priester Sebastian Kneipp geboren, der in Ottobeuren aufwuchs und hier die Sonn- und Feiertagsschule besuchte. Als er selbst an Tuberkulose erkrankte, führte er Heilversuche an sich und anderen Studenten durch und entwickelte die nach ihm benannten und inzwischen renommierten Therapien.

Gut für unsere gestressten Radler-Beine, die hier so richtig erholen können. Auch den Geist können wir hier „kurieren" – es gibt Besinnungstage, Meditationen, Studienwochen und „Kloster auf Zeit".

Ottobeuren verlassen wir rechts um das Kloster herum auf der sehr stark ansteigenden Sebastian-Kneipp-Straße, die alsbald einen Radweg zu bieten hat.

Von der Sebastian-Kneipp-Straße zweigt der Grottenweg nach rechts ab. Er führt nach wenigen, ansteigenden Metern zur **3 Lourdesgrotte**. Hier richtete Pater Hermann Koneberg am 22.11.1885 eine Stelle ein, in der kranke, verzweifelte und auch finanziell schlecht gestellte Menschen bis heute einen Funken Hoffnung finden. Der Tag war gut gewählt, denn genau an diesem Tag jährte sich die Wiederbesetzung des nahegelegen Klosters zum 50. Mal. Es war im 1802 aufgegeben worden – nun kamen unglaubliche 5.000 Besucher, um die Weihe der Lourdesgrotte von Ottobeuren zu erleben. Der kleine Umweg lohnt sich, denn die spirituelle Wirkung dieses Ortes zieht nahezu jeden Besucher in seinen Bann. Der Wallfahrtsort ergänzt sich mit dem benachbarten **4 Kneipp-Aktiv-Park**. Er bietet uns eine „zeitgemäße Übersetzung" der 5-Säulen-Therapie des Sebastian Kneipp. Armbad, Tretbecken, Gymnastikwiese, Himmelstreppe, Ruheplätze und Meditationsgarten sorgen dafür, dass wir dem Alltag wieder gestärkt begegnen können. Ganz in der Nähe liegt die Volkssternwarte mit einem der größten Teleskope Deutschlands.

Nachdem wir uns auf 736 m hinauf gekurbelt haben, rollen wir an Leupolz und Karlins vorbei, ehe es wieder zu Tale geht – bitte nur nicht allzu rasant, bei der steilen Abfahrt!

Wenn die Beine nun müde sind vom Radeln, können wir einen kleinen Schlenker durch Niederdorf fahren. Die **Kneipptretanlage** lässt uns wieder neue Energie tanken und das **Heimathaus** sorgt für ein schönes Fotomotiv.

*Über die Brandholzer Steige kommen wir nach Wolfertschwenden. Hier links in die Niederdorfer Straße (**Wegepunkt ❸**).*

Die Kirche St. Vitus wird von einer Mauer geschützt

Mitsamt ihrer schützenden Mauer wurde die **Pfarrkirche St. Vitus** von Wolfertschwenden in strahlendem Gelb getüncht. Ein Blick ins Innere lohnt sich, denn sowohl der Hochaltar als auch die Kanzel wurden im Jahre 1800 sehr aufwändig gestaltet. Das schöne Fachwerkhaus unweit der Kirche ist noch älter und wurde als **Pfarrhof** errichtet.

*Die Niederdorfer Straße endet auf der Hauptstraße, der wir nach links bis zur Einmündung der Kellerstraße folgen. Hier rechts und hinter den Bahnschienen links (**Wegepunkt ❶**). Die Radrunde Allgäu bringt uns zielsicher wieder zurück zum Bahnhof, wo unsere Tour endet.*

Wer auf der Radtour bemerkt hat, dass die passende Bekleidung fehlte, hat unweit des Bahnhofs die Möglichkeit, sich im **Mammut Store** Wolfertschwenden mit bester Ware einzudecken. Der Outdoor-Profi hat hier seinen Firmensitz, der sehr einfallsreich gestaltet wurde.

Tour 16 Länge 63 km

Im ehemaligen Benediktinerkloster von Wiblingen erwartet uns feinster Barock

162 M – WELTREKORD!

Streckentour von Memmingen über Vöhringen nach Ulm

Der Illerradweg schlängelt sich einmal vom Süden gen Norden durch das Allgäu und sorgt für ideale Radl-Bedingungen. Grund genug also, ihm für rund 63 km zu folgen. Die Akkus brauchen wir nur aufgrund der Streckenlänge, denn es geht stets sanft bergab. Unser Ziel ist Ulm, wo sich die Iller mit den Wogen der Donau vermischt.

Was erwartet mich?

63 km, eine fast komplett ebene Tour mit durchgehender Gefällstrecke auf einem Mix von Straßen, asphaltierten Wirtschaftswegen, naturbelassenen Wegen und Pfaden – beschildert als Iller-Radweg.

Wie komm ich hin?

ÖPNV:

Start: Bahnhof Tannheim (Württ.)

Ziel: Hauptbahnhof Ulm

Mit dem Auto: Parkplatz am Bahnhof, Bahnhofstraße, Tannheim

Was muss ich sehen?

1. Archäologischer Park Kellmünz
2. Pfarrkirche St. Martinus
3. Vöhlinschloss
4. Ehemaliges Benediktinerkloster Wiblingen

Wo tank ich auf?

Gasthaus Germania, Kleinkellmünz 51, Dettingen-Kellmünz

Backhaus Häussler, Königsstraße 87, Dietenheim

Café Schneewittchen, Hauptstraße 17, Illertissen

Bäckerei & Konditorei Hamma, Memminger Straße 23, Vöhringen

Wirtshaus Ludwig II., Dieselstraße 5, Neu-Ulm

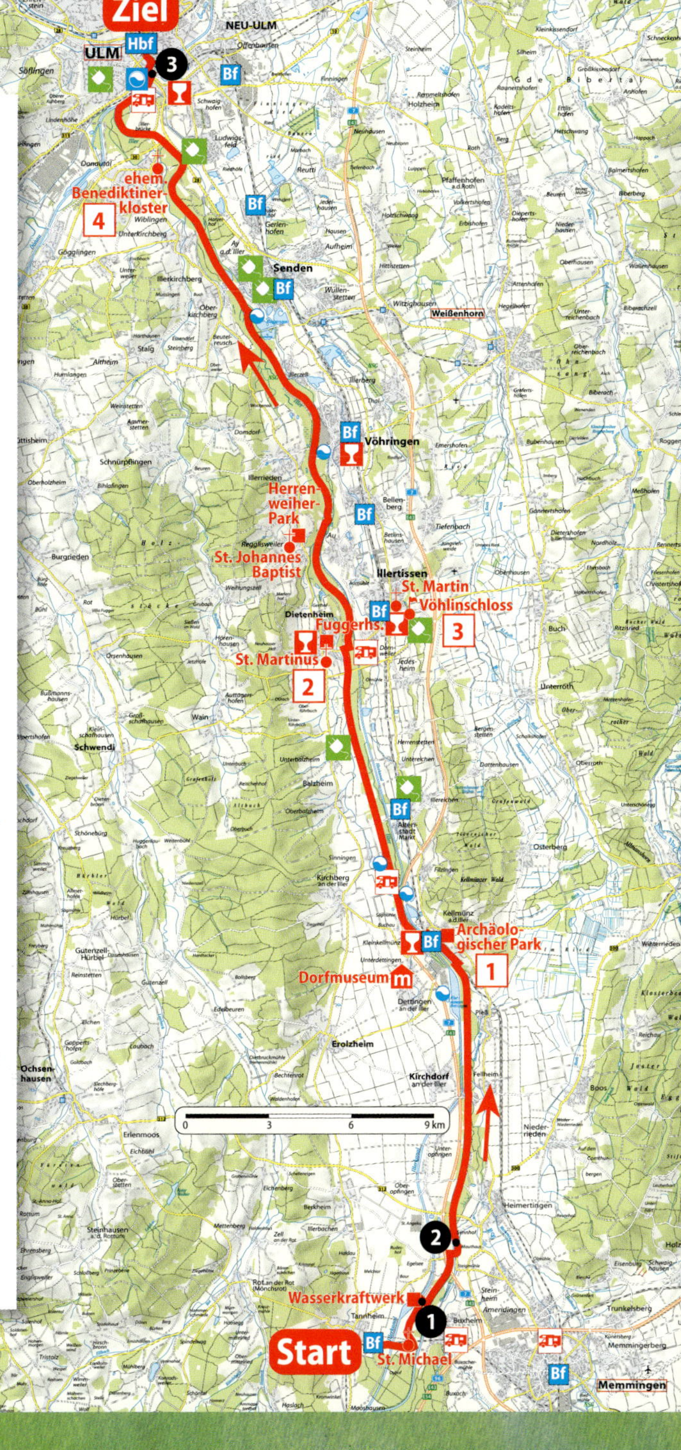

Kartentipp: **ADFC Regionalkarte Ulm und Umgebung**

TOURSTART

Wir starten am Bahnhof von Tannheim in Württemberg, den wir nach links über die Bahnhofstraße verlassen. Diese überquert den Illerkanal, geht in die Tannheimer Straße über und erreicht Arlach.

Im kleinen Dorf Arlach erwartet uns die **Kapelle St. Michael** mit einer erstaunlichen Ausstattung, so dass sich ein Blick ins Innere lohnt.

*In Arlach bei der Kapelle links in den Auweg und mit diesem über die Bahn hinweg. Beim Wasserkraftwerk rechts (**Wegepunkt** ❶) und vor der Iller links.*

Linkerhand verläuft der **Illerkanal**, der hier zum Stausee Tannheim aufgestaut wird. Der Anlass dafür ist die Erzeugung grüner Energie im **Wasserkraftwerk**.

*Es geht am Flussufer entlang. Nachdem wir die A7 unterquert haben, können wir mit der Brücke das Ufer wechseln und sind nach zwei Mal links Abbiegen endlich auf dem Iller-Radweg (**Wegepunkt** ❷), dem wir flussabwärts folgen.*

Als Radler stört uns freilich der Lärm von der A7. Dennoch ist ein wenig Respekt angezeigt, denn die Autobahn ist mit mehr als 960 km **die längste deutsche Bundesautobahn** und zugleich die zweitlängste nationale Autobahn Europas.

Der Iller-Radweg führt uns an Heimertingen, Fellheim und Pleß vorbei nach Kellmünz.

Einer der wichtigsten Arbeitgeber in der Region ist das Unternehmen Liebherr: Im Jahre 1938 übernahm Hans Liebherr hier ein Baugeschäft und legte den Grundstein für den heutigen Konzern. Die Haushaltsgeräte dieser Marke sind international bekannt, ebenso die Baugeräte – unter ihnen Krane und Muldenkipper mit gigantischen Ausmaßen. Und so wundert es uns nicht, dass es in Kirchdorf auch ein **Denkmal** für Herrn Liebherr und ein 16 Etagen messendes **Hochhaus** gibt, das auf diesen Namen getauft wurde.

Am linken Ufer des Illerkanals liegt Dettingen auf baden-württembergischem Boden und mit einer langen Geschichte. Das **Dorfmuseum** bringt uns diese etwas näher und ist dabei standesgemäß in den

Gebäuden einer alten **Schmiede** untergerbacht.

Auch ein Abstecher nach rechts über die Iller hinweg ist lohnenswert, denn hier liegt der Markt Kellmünz. Hier siedelten sich schon die Römer an und gründeten ein Kastell. Ein 1 **Archäologischer Park** berichtet aus dieser Zeit.

Oben auf der A7 donnert der Verkehr entlang. Viele legen eine Pause an der Raststätte Illertal Ort ein, die ganz offiziell die einzige „Kunst-Raststätte" Deutschlands ist. Ein Blick lohnt sich, denn irgendwie bekommen wir direkt Hunger auf ein Eis.

Bei Kellmünz wechselt der Iller-Radweg auf die andere Uferseite, wobei wir nicht nur die Iller, sondern auch den Kanal überqueren. Es geht unter der A7 her und an verschiedenen Seen vorbei.

Beiderseits unseres Radwegs bzw. beiderseits der Iller erstrecken sich zahlreiche **Seen**, unter ihnen der Kellmünzer Bergsee, Unterer Filzinger See, Fischersee und der Sinninger Badesee. Auch Markt Altenstadt liegt mit seinen sieben Gemeindeteilen unweit des Radwegs auf der anderen Uferseite.

Dietenheim ist gleich mehrfach Spitze!

Bei Dietenheim nutzen wir die Brücke, um wieder das Ufer zu wechseln, wobei wir zwischen Iller und Kanal weiterradeln.

Weithin sichtbar und mit seinen vier Spitzen unverkennbar ist der Kirchturm der 2 **Pfarrkirche St. Martinus** von Dietenheim. Die ältesten Teile des Gotteshauses stammen aus dem 16. Jh., der Turm kam im 17. Jh. hinzu. Ansehen müssen wir uns auch das **Fuggerhaus**, das auch als Fuggerschloss bezeichnet wird. Im Jahre 1539 ging der Besitz des damaligen Schlosses an Anton Graf Fugger über, später gab es hier eine Poststation und einen Gasthof.

Es sind nur wenige Pedalumdrehungen in den Ortskern von Illertissen, das mit 18.000 Einwohnern eine

Zu Füßen des Vöhlinschlosses...

... erstreckt sich die schöne Illtertissener Altstadt

der größten Städte in der Region ist. Wunderschön anzusehen ist das Ensemble des **3 Vöhlinschlosses**. In aussichtsreicher Lage hoch über dem Ort ließen die Grafen von Kirchberg im 12. und 13. Jh. eine Burg namens Tissen errichten. Die Patrizierfamilie Vöhling bewohnte die Anlage von 1520 bis 1756 und formte es zu einem Schloss um. Mit unseren E-Bikes ist es kein großer Aufwand, nach oben zu kurbeln – und das lohnt sich, denn die verschachtelten Gebäude, die Schlosskapelle und freilich die grandiose Aussicht sind einmalig!

Unten im Ort schauen wir uns vor der Weiterfahrt noch die historische **Schranne** mit ihrem auffälligen Dach und die **Pfarrkirche St. Martin** mit einem prachtvollen Hochaltar an.

Durch wunderbare, grüne Natur rollen wir weiter auf dem Iller-Radweg gen Norden.

Das grüne Radwegeschild verrät uns, dass es nach links nur 800 m über die kleine Brücke nach Regglisweiler ist. Das sollten wir uns keinesfalls entgehen lassen, denn in dem staatlich anerkannten Erholungsort finden wir die wuchtige, im Stile des Klassizismus erbaute **Pfarrkirche St. Johannes Baptist**. Zu ihren Füßen gibt es Erinnerungen an Pfarrer Kneipp: Ein Teil des **Herrenweiher-Parks** wurde nach seiner Lehre mit Kräutergarten und Wassertretbecken ausgestattet. Damit die Zugfahrt zurück nach Memmingen nicht zu langweilig wird, decken wir uns in der **Brennerei Feller** mit hochprozentigem ein. Gin, Brände, Liköre, Whiskey und Rum sind die Spezialitäten der Brennerei, die es schon seit 1820 gibt.

Wir fahren weiter durch die Ruhe des Auwaldes und kommen an Vöhringen vorbei.

Über die Illerstraße ist die Innenstadt von Vöhringen rasch erreicht, wo uns das strahlend weiß getünchte **Rathaus** empfängt. Sehenswert ist auch die **Arbeitersiedlung** der 1864 gegründeten Wielandwerke, von denen viele der charakteristischen Doppelhäuser erhalten wurden.

Am rechten Illerufer entlang geht es vorbei an Senden.

Weitere **Seen** erstrecken sich am Wegesrand. Sie tragen die Namen nördlicher und südlicher Baggersee, Kleiner sowie großer Baggersee und sind teils zum Baden freigegeben.

Langsam neigt sich die Tour dem Ende zu: Auf nach wie vor bester Trasse radeln wir vorbei an Unterkirchberg und Wiblingen.

Das 4 **ehemalige Benediktinerkloster** von Wiblingen wurde mitsamt der Kirche in feinstem Barock gefertigt. Die riesige Anlage wurde nach der Säkularisation erst als Schloss, dann als Kaserne und inzwischen als Klinik und Akademie genutzt. In der **Klosterkirche** und im **Bibliothekssaal** stehen wir mit aufgerissenen Augen vor den aufregenden Arbeiten und entdecken immer wieder neue Details.

Der Iller-Radweg schmiegt sich an die Donau und unterquert die B28.

Die Fluten der Iller ergießen sich in die **Donau**. Wenig später liegt das Donaubad direkt am Weg - es gilt als das größte Erlebnisbad weit und breit.

*Direkt hinter der B28-Unterführung geht es nach links über den Steg (**Wegepunkt** ❸) auf die andere Donauseite. Wenig später nach der Eisenbahn-Unterführung links und durch die Grünanlage. Nun nur noch unter der Brücke her, rechts-links-links abbiegen und schon erreichen wir den Ulmer Hauptbahnhof, wo die Tour endet.*

Kurz vor dem Hauptbahnhof kommen wir am **Tast- und Riechgarten** vorbei. Mehr Informationen über die Stadt finden Sie im **Ortsporträt Ulm** (siehe S. 130).

Reisemobilstellplätze an oder nahe der Route

Wohnmobilstellplatz Memmingen, Colmarer Straße, Memmingen
Camping am See, Am Weiherhaus 7, Buxheim
Camping Christopherus, Werte 6, Kirchberg an der Iller
Campingplatz Illertissen, Dietenheimer Straße 91, Illertissen
Wohnmobilstellplatz am Donaubad, Öschweg 6, Neu-Ulm

E-Bike Ladestationen an oder nahe der Route

Orion Ladestationen, Bahnhofstraße 1, Altenstadt
E-Bike-Ladestation, Am Dorfplatz 12, Balzheim
Lechwerke AG, Marktplatz 3, Illertissen
Möbel Inhofer, Ulmer Straße 50, Senden
SWU Ladestationen, Kemptener Straße 15, Senden
SWU Ladestationen, Memminger Straße 179, Neu-Ulm-Ludwigsfeld
SWU Ladestationen, Robert-Dick-Weg 4, Ulm-Weststadt
E-Bike Ladestationen, Karlstraße 3 Ulm

Orts-
porträt

ULM

Mit beinahe 130.000 Einwohnern ist Ulm die größte Stadt, die wir auf den Touren in diesem Buch kennenlernen werden. Wer es genau nimmt, wird feststellen, dass Ulm weder im Allgäu, noch in Bayern liegt.

Die Metropole an der Donau ist für uns über den traumhaften Iller-Radweg sehr gut mit einer Tagestour erreichbar. Zudem gibt es hier so viel zu entdecken, dass sich ein Besuch immer wieder lohnt.

Überregional bekannt ist Ulm für den höchsten Kirchturm der Welt und als Geburtsort berühmter Persönlichkeiten wie das Genie Albert Einstein, die Schauspielerin Hildegard Knef sowie die Widerstandskämpfer Hans und Sophie Scholl. Außergewöhnlich ist auch der Umstand, dass wir hier eine „zweigeteilte" Stadt haben: Links der Donau liegt Ulm auf dem Gebiet von Baden-Württemberg, am Ufer gegenüber Neu-Ulm auf bayerischem Territorium.

Die Historie der Stadt reicht weit zurück: Im Jahre 854 tauchte Ulm erstmals in den Urkunden auf, was den Anfang einer spannenden Geschichte bedeuten sollte.

Ausgrabungen zufolge dürfte die Region um Ulm bereits vor rund 7.000 Jahren in der Jungsteinzeit besiedelt worden sein. Auch ein Gräberfeld wurde

In Ulm „dreht“ sich wirklich alles um das Münster

gefunden, das vermutlich zwischen dem 5. und dem 7. Jh. unter den Merowingern angelegt wurde. Wem das zu ungenau ist, der sei auf den 22. Juli 854 verwiesen, als zum ersten Mal von einem „Ulma“ zu lesen war. Der Begriff dürfte auf eine „moderige Gegend“ bei der Mündung der Blau in die Donau oder auf Furt über die Donau hinweisen.

Damals herrschte hier ein Kirchenstreit, den erst Ludwig der Deutsche beruhigen konnte. Zu dieser Zeit stand an der Blaumündung eine Burg, um die herum langsam eine Stadt herangewachsen war. 1181 war es Kaiser Barbarossa, von dem Ulm seine Stadtrechte erhielt. Holz, Wein und Salz gab es in der Gegend reichlich und so kam es, dass Ulm im 14. und 15.Jh. zu einer großen, wohlhabenden Stadt gedieh, wobei das 14.Jh. ein ganz besonderes war:

1377 legte man den Grundstein zum Bau des **Münsters** und im selben Jahrhundert, genauer gesagt 1397 verzeichnete man den sogenannten Schwörmontag,

161,60 m: Der höchste Kirchturm der Welt!

Hintergrund war, dass die Zünfte 1354 erfolgreich ihre Rechte angemeldet hatten und dies 1397 in einer Verfassung festgeschrieben wurde. Auf diese Verfassung wurden die Angehörigen der Zünfte am „Schwörmontag" vereidigt. Noch heute wird im Juli eine **„Schwörwoche"** zelebriert. Dabei hält der Oberbürgermeister um 11 Uhr die traditionelle Schwörrede und anschließend läutet die Schwörglocke im Münster. Begleitet wird das mit einem bunten Volksfest, dessen zweiter Höhepunkt am Nachmittag die „Nabada" ist. Hier werden die sogenannten „Ulmer Schachteln", selbstgebastelte Schiffe und andere „Boote", zu Wasser gelassen und ein paar Kilometer flussabwärts verschifft, während sich die Kapitäne gegenseitig nassspritzen.

Wenn wir zur rechten Zeit hier sind, lassen wir uns dieses Spektakel nicht entgehen und rufen auch vom Ufer aus „Ulmer Spatza, Wasserratze, hoi, hoi, hoi".

Doch nun zu den zahllosen Sehenswürdigkeiten Ulms, an denen das **Münster** freilich an erster Stelle steht: Planungsfehler und Kosten, die das festgelegte Budget weit überschreiten? Bei weitem kein Fall aus unserer Zeit, denn im 14. Jh. wurde ein Münster mit gigantischen Ausmaßen geplant. Das Kirchenschiff sollte 29.000 Menschen fassen – und Ulm hatte seinerzeit gerade einmal 12.000 Einwohner!

Am 30. Juni 1377 legte Bürgermeister Ludwig Krafft genau 3 Stunden nach Sonnenaufgang den Grundstein zum Bau einer gewaltigen Kirche. Die fünf Schiffe der gotischen Basilika waren rasch errichtet, doch man erkannte, dass die Ausmaße der Kathedrale doch „ein wenig übertrieben" schienen. So wurde gebaut und wieder gestoppt, dann wieder etwas gebaut, ehe um 1540 ein endgültiger Baustopp verhängt wurde, wobei in Summe eigentlich nur 66 Jahre an der Kirche gewerkelt worden war. Rund

300 Jahre blieb der Sakralbau unvollendet, ehe man sich 1844 zum Weiterbau entschloss. Und wieder dauerte es viele Jahre, bis das Ulmer Münster 1890 endlich fertiggestellt war.

Also fiel doch alles eine kleine Nummer kleiner aus, was uns heute egal sein kann, denn das Münster ist einfach schön anzusehen und der kraftraubende Aufstieg über die 768 Stufen zum Kirchturm gehört zu jedem Ulm-Besuch. Genau 161,60 Meter ist er hoch und der höchste Kirchturm der Welt!

Das innere des Münsters besticht durch prachtvolle Eleganz, der von der Orgel mit 93 Registern und etwa 8.000 Pfeifen untermalt wird. Beachtenswert sind das mehr als 26 m hohe Sakramentshaus, die Kleinen Kapellen, die Altäre und das 1469 bis 1474 aus Eiche geschnitzte Chorgestühl.

Vom Münster aus geht es zum **Reichenauer Hof** mit einem Prunkraum im Ostflügel und zum **Ochsenhausener Klosterhof** mit einer Säulenhalle in der ersten Etage. In der Blütezeit Ulms entstand 1370 ein Kaufhaus, in dessen schön ausstaffierten Räumen rasch die ersten Behörden einzogen. Inzwischen finden wir hier das **Rathaus**, an dessen Ostgiebel eine alte **astronomische Uhr** hängt. Das Rathaus steht direkt am einladenden **Marktplatz** – genauso wie das **Stadtmuseum**. Eine weitere sehenswerte Ausstellung ist das **Museum für Brotkultur**, das sich der Geschichte und der Bedeutung von Getreide und Brot für die Menschheit widmet. Da das Brotbacken eine der ältesten Tätigkeiten des Menschen ist, reicht die Darstellung im Museum rund 8.000 Jahre zurück. Das Prunkstück der Ausstellung ist die 4.000 Jahre alte Figur eines ägyptischen Brotträgers.

Am sogenannten **Fischkasten** vorbei erreichen wir den wirklich schiefen **Metzgerturm**, der einst als Kerkerturm diente. Er wurde m Jahre 1345 erbaut und hat eine Neigung sage und schreibe 2,05 m! Der

Bestens Einkehren zu Füßen des Rathauses…

… und dabei die Uhr immer gut im Blick

Das Fischerviertel gehört zur Altstadt... ... genau wie das schiefe Haus (Bild unten)

Turm ist noch einer der gut erhaltenen **Stadtmauerreste**, die sich hier anschließen. Nun erreichen wir das **Fischerviertel**, auch Blauviertel genannt. Hier mündet die Blau in die Donau und formte bereits früh die Keimzelle Ulms. Kein Wunder also, dass wir hier die ältesten und die schönsten Häuser der Stadt finden, darunter das **Schöne Haus** (ehemaliges Zunfthaus der Schiffsleute), das **Schiefe Haus** oder das **Schwörhaus**, vor dem die bereits erwähnte traditionelle Zeremonie abläuft. Wo einst die Gerber Leder herstellten, ist heute ein herrliches **historisches Viertel** mit urigen Einkehrmöglichkeiten bei wundervollem Ambiente und Blick auf´s Wasser.

Frisch gestärkt widmen wir uns den anderen Highlights in der Innenstadt. Zu denen gehört auch die **Dreifaltigkeitskirche** mit dem davor stehenden **Petrusbrunnen** aus dem Jahre 1815. Die Kirche stammt ursprünglich aus dem 14.Jh, musste jedoch nach dem Krieg erneuert werden. Ein paar Meter weiter in der Neuen Straße liegt die zwischen 1605 und 1708 errichtete und wenig auffällige **Adlerbastei**. Spannend ist die Geschichte zum Gebäude: Am 4.6.1811 wollte der Ulmer Schneider und Flugionier Albrecht Ludwig Berblinger seine neueste Errungenschaft vorführen und vom damals 100 m hohen Hauptturm des Ulmer Münsters „fliegen". Die Ratsherren jedoch verlangten von ihm, dass er von der 13 m hohen Adlerbastei starten und dann über die Donau fliegen solle. Berblinger baute noch

ein Gerüst, um von 20 m Höhe zu starten. Viele Zuschauer fanden sich ein, darunter auch Herzog Heinrich, der Bruder des Königs. Die Winde waren schlecht, und so zögerte Berblinger den Flug immer weiter hinaus. Als der Herzog ungeduldig wurde, rempelte ein Polizeidiener den noch nicht flugbereiten Piloten an. Dieser landete unter lautem Beifall der Zuschauer in der Donau, wo Fischer ihn retteten. Dem fliegerischen Absturz folgte auch der soziale Absturz: Als Betrüger geächtet, verlor Berblinger seine Schneiderei und verhungerte im Alter von 58 Jahren in völliger Armut im Hospital.

In den Grabenhäusern würden wir auch gerne wohnen!

Eine Nachbildung des Fluggerätes von Albrecht Ludwig Berblinger finden wir übrigens im Lichthof des Rathauses.

Verlassen wir also wieder diesen zweifelhaften Ort und widmen wir uns dem **Stadtmuseum**. Hier sind verschiedene Kunststile vom Mittelalter bis in die Moderne unter einem Dach zu bestaunen. Einer der Höhepunkte ist die Sammlung von Porzellanfiguren, die Johann Jakob Rommel zwischen 1800 und 1846 anfertigte. Und das erstaunt, denn Rommel war Vater von 13 Kindern – wie er da noch Zeit fand, zum Töpfern?

Wer noch mehr von Ulm kennenlernen möchte, schließt sich einer der informativen und zugleich oft lustigen Stadtführungen an. Übrigens: Gleich auf der anderen Uferseite der Donau liegt **Neu-Ulm** auf bayerischem Territorium. Und es ist wirklich jünger als Ulm, denn erst ab 1811 entwickelte sich hier eine dichtere Besiedlung. So überrascht es auch nicht, dass die **Kirche St. Johannes Baptist** erst 1927 fertiggestellt wurde. Interessant ist das **Heimatmuseum** von Neu-Ulm. Es verfügt über eine geologische Abteilung und über seltene prähistorische Exponate.

In Biberach bekommen wir viel zu sehen!

Tour 17 Länge 38 km

SCHMALSPUR-RADELN AN DER ÖCHSLE-BAHN

Rundtour von Biberach über Ochsenhausen und Maselheim

22 km Länge und Neigung von bis zu 25%: Das sind die Gegebenheiten, unter denen die Öchsle-Bahn schon seit dem vorletzten Jahrhundert zwischen Biberach und Ochsenhausen verkehrt. Ein Großteil dieser Radrunde folgt dem Verlauf der Schmalspurbahn durch das hügelige Gelände, was für uns öfters bedeutet: „Motoren zuschalten, denn es geht bergauf".

Was erwartet mich?

38 km, eine hügelige Tour mit mehreren kurzen Steigungen und Gefällstrecken auf einem Mix von Straßen, asphaltierten Wirtschaftswegen, naturbelassenen Wegen und Pfaden –zum Teil beschildert als Öchsle-Radweg (Oberschwaben-Allgäu-Radweg).

Wie komm ich hin?

ÖPNV: Bahnhof Biberach an der Riß
Mit dem Auto: Parkplatz Freiburger Straße, Freiburger Straße 19, Biberach a.d.Riß

Was muss ich sehen?

1. Altstadt Biberach
2. Zunftsiedlung Biberach
3. Schloss Warthausen
4. Benediktinerkloster mit Kirche in Ochsenhausen

Wo tank ich auf?

Motorworld-Inn mit Biergarten, Museumsgässle 1, Warthausen
Bäckerei Café Vorhauer, Hauptstraße 51, Maselheim-Äpfingen
Der Ruf, Haupstraße 48, Biberach-Ringschnait
Bäckerei Grieser, Poststraße 10, Ochsenhausen

TOURSTART

Wir starten am Bahnhof von Biberach a.d.Riß, den wir nach rechts über die Vollmerstraße verlassen.

Biberach an der Riß ist ein idealer Start- und Zielort, denn hier gibt es unglaublich viel zu erleben: Als ehemals freie Reichsstadt kann Biberach auf eine spannende Historie zurückblicken, die bis heute konserviert wurde: Die historische 1 **Altstadt** empfängt uns mit prachtvollen Fachwerkhäusern, Patrizierhäusern rund um den Marktplatz, hohen Türmen und prachtvollen **Stadttoren**, wie dem Ulmer Tor.

Die **Kirche St. Martinus und Maria** ist eine „Simultankirche", d.h. sie wird gleichermaßen von evangelischen und katholischen Gläubigen genutzt. Vom Marktplatz aus sieht ihr Turm besonders beeindruckend aus. Wenn wir uns die vielen Details des Gotteshauses ansehen, suchen wir im Deckenbild Johannes Zick. Der Freskenmaler hat sich hier 1748 mit einem Selbstportrait verewigt.

Ansehen müssen wir uns auch die historische 2 **Zunftsiedlung** am Weberberg von Biberach. Im ältesten Teil der Stadt wurden einst 400 Webstühle betrieben, was der Stadt im 16. Jh. großen Wohlstand bescherte. Bei einer Führung durch das Viertel erfahren wir mehr darüber und über den Untergang im 30-jährigen Krieg.

Die starke Bewehrung...

*Am Ende der Vollmerstraße rechts in die Ehinger Straße bzw. der B465 (**Wegepunkt** ❶), deren Radweg wir nach Warthausen folgen.*

Kurz bevor wir Biberach verlassen, kommen wir am Areal des **Modell-Eisenbahn-Clubs Biberach e.V.** vorbei. Nach Anmeldung zeigen die Bahn-Enthusiasten gerne, was sie in ihrer Freizeit erschaffen.

In Warthausen am Kreisverkehr rechts in die Bahnhofs- und kurz darauf links in die Jahnstraße, die sich dem Verlauf der Bahnschienen anschmiegt. Wir befinden uns nun auf dem Öchsle-Radweg.

Ab 1696 hatten die Grafen von Stadion hier ein Lehen des Hauses Habsburg hier in Warthausen inne. Mit einem Sportstadion hatten die Herrschaften freilich nichts zu tun – es war eine zum schwäbischen Uradel zählende Familie, deren Historie 1908 endete. Das sichtbare Zeugnis dieser Zeit thront bestens sicht-

bar über dem Ort: 3 **Schloss Warthausen** ging aus einer Burg hervor und ist eine spannende Mischung aus Frühbarock und Renaissance. Die Schönheit der Anlage und der umliegenden Gärten inspiriert bis heute viele Künstler.

*In Herrlishöfen nach dem Linksknick rechts über die Bahnschienen (**Wegepunkt** ❷), dann weiter geradeaus auf dem Radweg an der Ulmer Straße Richtung Barabein.*

Eines der auffälligsten Gebäude von Barabein ist der **Baischhof**.

Vor den ersten Häusern von Barabein rechts in den gleichnamigen Weg und durch den Ort. Wir folgen weiter dem Öchsle-Radweg, der meist parallel zu den Schienen verläuft.

... half mit, die Altstadt Biberachs zu schützen

Der **Öchsle-Radweg** verbindet auf 19 km die Orte Warthausen und Ochsenhausen auf bester Trasse miteinander. Er ist eine Reminiszenz an die **Öchsle-Bahn**, die zwischen diesen beiden Orten auf einer Distanz von 22 km verläuft und dabei eine maximale Neigung von 25% aufweist. Mit einer Spurweite von 750 mm ist sie eine „Schmalspurbahn", und wird daher als Museumseisenbahn erhalten.

*Der Öchsle-Radweg geleitet uns durch Äpfingen, Sulmingen und rechts (**Wegepunkt** ❸) entlang der Kreisstraße nach Maselheim.*

Äpfingen und Sulmingen gehören beide zur Gemeinde Maselheim, wobei bereits im Jahre 1250 von den „Herren von Sulmingen" zu lesen war, die hier ein Lehen hatten und vermutlich eine **Wasserburg** bewohnten, die es nicht mehr gibt.

Die Schilder lotsen uns durch ruhige Natur durch Wennedach und mit kräftiger Steigung via Reinstetten nach Ochsenhausen.

Vom Römerturm schweift der Blick weit über´s Günztal

CAELIUS MONS: DIE RÖMER AN DER ILLER

Rundtour von Kellmünz über Markt Babenhausen und Heimertingen

Der Radweg auf einer ehemaligen Bahntrasse garantiert uns einen perfekten Einstieg in diese rund 42 km lange Radrunde, die gespickt ist mit teils kräftigen Steigungen. In Babenhausen erwartet uns das Highlight dieser Tour: Über den Dächern der Stadt thront das Fuggerschloss, das uns mit seinem angegliederten Museum in die Vergangenheit entführt.

Was erwartet mich?

42 km, eine hügelige Tour mit zahlreichen Steigungen und Gefällstrecken auf einem Mix von Straßen, asphaltierten Wirtschaftswegen, naturbelassenen Wegen und Pfaden – zum Teil beschildert als Günztal-Radweg, Jakobusweg und Iller-Radweg.

Wie komm ich hin?

ÖPNV: Bahnhof Kellmünz an der Iller

Mit dem Auto: P&R Bahnstadt, Bahnhofsstraße 6A, Kellmünz an der Iller

Was muss ich sehen?

1. Fuggerschloss
2. Fuggerkirche St. Andreas
3. Pfarrkirche St. Bartholomäus
4. Pfarrkirche St. Martin

Wo tank ich auf?

Backhaus Häussler, Stadtgasse 15, Babenhausen

Kiosk am Baggersee, Fabrikstraße 42, Babenhausen-Rothdachweiher

Gasthof Metzgerei Lamm, Memminger Straße 1, Heimertingen

Bäckerei Brommler, Memminger Straße 13, Heimertingen

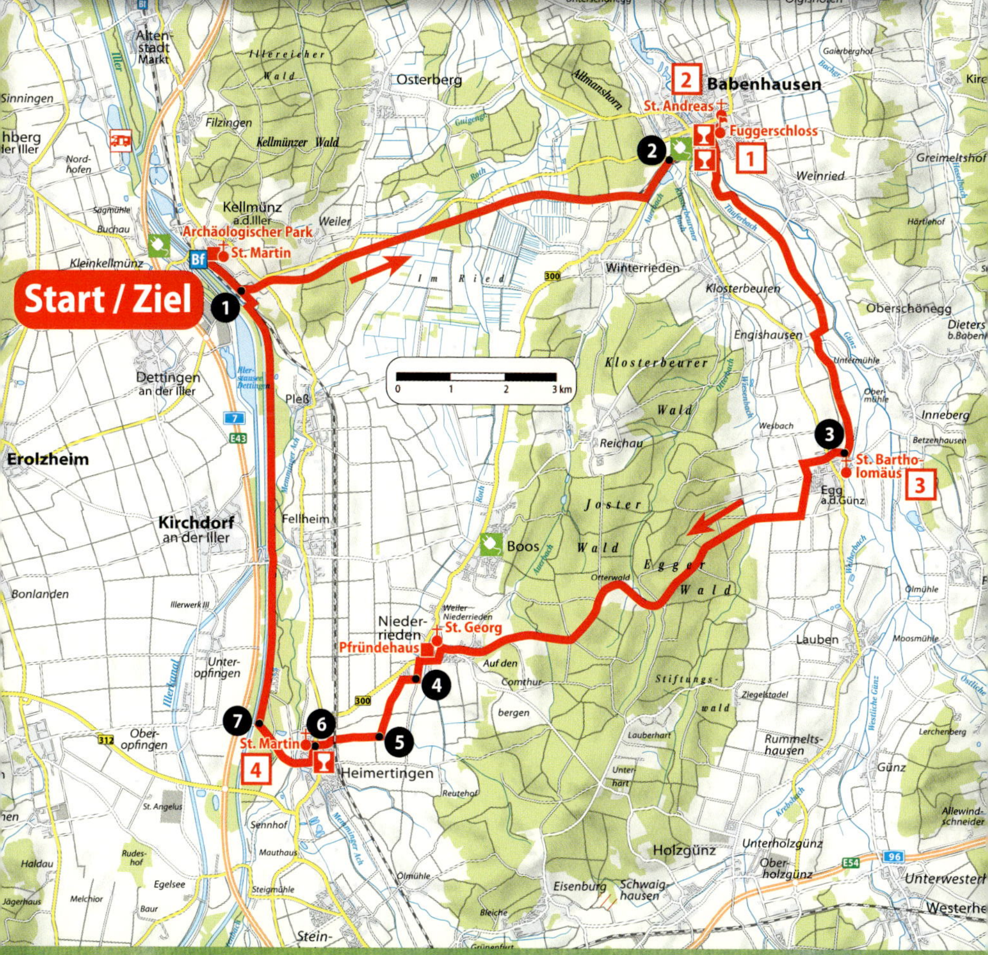

TOURSTART

Wir starten am Bahnhof von Kellmünz, den wir nach rechts entlang der Bahnhofstraße verlassen, die nahtlos in die Altwasserstraße übergeht.

Den Markt Kellmünz dürfen wir uns keinesfalls entgehen lassen, denn schon die Römer ließen sich hier nieder und sorgten für den Ortsnamen, der seinerzeit aus dem **Römerkastell** „Caelius Mons" hervorging. Im 3. Jh. wurde dies für die Kohorten errichtet, die den Limes, d.h. die Barriere zum Norden hin, beschützen sollten. Überall im Ortsgebiet finden sich Spuren aus dieser Zeit. Die eindrucksvollsten aber gibt es im **Archäologischen Park**. Die restaurierten Mauern lassen die Römer förmlich wieder aufleben und geben einen guten Eindruck von den einstigen Ausmaßen des Kastells. Nachdem wir uns von der Aussichtsplattform einen Gesamtüberblick verschafft haben, widmen wir uns den Ausstellungsobjekten.

Noch besser sichtbar ist die **Pfarrkirche St. Martin**, die genau an einer der Ecken des ehemaligen Römerkastells erbaut und mit barocken Elementen ausgestattet wurde.

*Im Linksknick der Altwasserstraße bleiben wir geradeaus und schwenken hinter dem Ortsende von Kellmünz schräg links auf den Bahntrassen-Radweg ein (**Wegepunkt ❶**), der sogleich kurz und kräftig ansteigt.*

Gleich zu Beginn der Tour rollen wir auf einem bestens präparierten Radweg. Er verläuft auf der ehemaligen Bahntrasse, die zwischen 1884 und 1964 Kellmünz mit Babenhausen verband. Der **„DB Iller-Roth-Günz-Radweg"**, wie er offiziell heißt, wurde 2011 eröffnet, misst genau 10,8 km und verläuft dabei 7,9 km lang über die Bahntrasse.

*Der Bahntrassen-Radweg endet an der B300, deren Radweg wir wenige Meter nach links folgen, um hinter dem Fuggerweiher geradeaus weiter zu fahren (**Wegepunkt ❷**). Über Weiherweg, rechts Ferry-Streibli-Straße und geradeaus Wiesmühlweg/Rechbergstraße erreichen wir vor der Rechtskurve links das Fuggerschloss von Babenhausen.*

Der **Fuggerweiher** ist das passende Intro für das, was uns im Markt Babenhausen erwartet. Die 4 ha

Wasserfläche werden durch den Auerbach gespeist, der hier aufgestaut wurde.

Als „Babenhusin" hielt der Ort im Jahre 1237 Einzug in die Geschichtsbücher. Seinerzeit musste hier ein Grenzstreit geschlichtet werden. Schon wenig später, im Jahre 1315 war von einer Stadt zu lesen, in der es auch ein Schloss gab. Reichsgraf Anton Fugger kaufte 1538 die Burg bzw. das Schloss – es sollte für die Ewigkeit sein, denn das Anwesen ist bis heute im Besitz des Adelsgeschlechts und dominiert die Silhouette der Stadt. Der sogenannte Rechbergbau wurde zwar mehrfach umgestaltet, gilt aber als ältester Teil des [1] **Fuggerschlosses** und datiert von 1378. Die eindrucksvollen, teils ineinander verschachtelten Gebäude stehen selbstverständlich mit allen Nebengebäuden und dem Garten unter Denkmalschutz. Friedrich Carl Fugger richtete 1955 das Schlossmuseum ein, in dem wir mehr über die Anlage und freilich auch über die Familie Fugger erfahren.

Reichsgraf Anton Fugger kaufte 1538 das Babenhausener Schloss

Zu Füßen des Schlosses erstreckt sich eine sehenswerte Altstadt, wo mitten auf dem Marktplatz die barocke ehemalige [2] **Fuggerkirche St. Andreas** steht. Von Außen wirkt die Kirche eher bescheiden, doch im Innern strahlen uns stuckverzierte Säulen, filigrane Malereien, Schnitzereien und prunkvolle Altäre entgegen.

Vom Schloss zunächst auf der Rechbergstraße retour, nach wenigen Metern links in die Fabrikstraße. Wir sind hier bereits auf dem Günztal-Radweg.

Bei der Ausfahrt aus Babenhausen haben wir die Gelegenheit, uns am **Rothdachweiher** zu erfrischen. Wer nicht den Badestrand nutzt und ins kalte Nass springt, kann sich am Kiosk mit Leckereien eindecken.

Der Günztal-Radweg geleitet uns auf ansteigender Strecke vorbei an Enigshausen nach Egg an der Günz.

Die Fuggerkirche ist etwas verschachtelt

Reisemobilstellplätze an oder nahe der Route

Camping Christopherus,
Werte 6,
Kirchberg an der Iller

E-Bike Ladestationen an oder nahe der Route

LEW ladestationen,
Weiherweg 14, Babenhausen
E-Bike Ladestationen,
Fuggerstraße 3, Boos
EnBW Energie Baden-Württemberg AG,
Gustav-Lauser-Weg 1,
Dettingen

Der **Günztal-Radweg** ist einer der weniger bekannten Flussradwege. Grund genug also, uns ein Teilstück der 93 km langen Trasse anzusehen, die von der Quelle in Günzach bis Günzburg verläuft, wo sich die Fluten mit denen der Donau vermischen. Auf unserer Etappe stellen wir fest: Der Radweg verläuft ohne größere Steigungen meist auf autofreien oder „autoarmen" Wegen – also nehmen wir uns vor, bei Gelegenheit die ganzen 92 km zu testen.

*In Egg rollen wir vom Sportplatzweg rechts in die Günztalstraße (**Wegepunkt ❸**) und geradeaus weiter in den Wesbachweg.*

Egg an der Günz besitzt mit der Kirche St. Rochus ein kleineres und mit der 3 **Pfarrkirche St. Bartholomäus** ein sehr stattliches Gotteshaus, dessen älteste Teile aus dem 15. Jh. stammen. Hier schweifen die Blicke von der aufwändigen Holzdecke hinüber zum prachtvollen Hochaltar. Auch der benachbarte Pfarrhof verdient unsere Beachtung, denn der Walmdachbau wurde bereits 1790 errichtet.

Berühmt war Johannes Eck, der eigentlich Johannes Mayer hieß, aber nach dem Ort Egg benannt wurde, wo er 1486 das Licht der Welt erblickte. Für lange Zeit seines Lebens galt der katholische Theologe als konsequenter Gegner Martin Luthers. Sein **Geburtshaus** gibt es heute noch – wir erkennen es an den Wandmalereien, die ein Ross mit Reiter und einen Hirsch an der Straßenfront zeigen.

Hinter den letzten Häusern im Feld links, am Wohngebiet vorbei und rund 400 m später wieder rechts in den Weg, der alsbald sehr kräftig ansteigt.

Gut, dass wir unsere E-Bikes haben, denn es geht deutlich bergauf. Dafür aber wird es idyllisch, denn wir kurbeln durch den **Egger Wald**. Eine **Kneipp-Anlage** gibt es hier freilich auch. Mit den vielen, teils überdachten Sitz- und Liegegelegenheiten und der wunderbaren Aussicht ist sie wie geschaffen für ein Picknick.

Der Weg namens „Otterwald" führt am Otterhof vorbei und mit einem entspannten Gefälle nach Niederrieden.

Der Turm der **Pfarrkirche St. Georg** ragt in Niederrieden am höchsten aus den Häusern heraus. Das Gotteshaus wurde im 15. Jh. erbaut und später mehrfach verändert. Schön anzusehen ist auch das ehemalige **Pfründehaus**.

*In Niederrieden von der Hauptstraße links in die Alte Post- rechts in die Mühlstraße und links in den Elend- und rechts in den Grundweg (**Wegepunkt ❹**).*

Einer der größten Arbeitgeber in der Region ist die **Brauerei Ruhland Remus Quelle GmbH & Co. KG**. Aus 130 m Tiefe wird hier das von verschiedenen Gesteinsschichten gefilterte Mineralwasser zu Tage gefördert und abgefüllt.

*Dem Grundweg weiter nach links folgen, am Wegkreuz rechts (**Wegepunkt ❺**) und auf dem Sechsbaumweg nach Heimertingen.*

Der Kirchturm der Pfarrkirche St. Martin ragt hoch in den Himmel

In Heimertingen grüßt die **4 Pfarrkirche St. Martin** mit ihrem 46 m hohen Turm. Hier reichen die Wurzeln bis ins Jahr 853 zurück, als bereits in den Urkunden eine Kirche an dieser Stelle erwähnt wurde.

*Bei Heimertingen zweigen wir links ab auf die B300 (**Wegepunkt ❻**), die wir wenige Meter später rechts auf der Illerstraße verlassen können. Diese bringt uns zum Ufer, wo wir rechts in den Iller-Radweg einbiegen können (**Wegepunkt ❼**). Zielsicher gelangen wir so stets in Wassernähe zurück zum Bahnhof von Kellmünz, wo die Runde endet.*

Am Illerufer wenden wir unsere Blicke nach links und entdecken ein **Wehr**, über das die Iller in die Tiefe rauscht.

Steile Ufer am Vilsalpsee

Tour 19

Länge 37 km

ZU GAST BEI UNSEREN NACHBARN

Rundtour von Pfronten über Wies und Tannheim

Es geht hinauf ins Hochgebirge! Von Pfronten machen wir uns auf zu dieser sehr naturverbundenen Tour, die uns zunächst durch die sehr ruhige Natur des Vilstals führt. Auf mehr als 1.000 m Höhe angekommen genießen wir das touristisch bestens erschlossene Tannheimer Tal auf österreichischem Boden, bevor es wieder hinunter nach Deutschland geht.

Was erwartet mich?

37 km, eine gebirgige Tour mit durchgängigem, teils kräftigem Anstieg auf den ersten 22 km und Gefälle zum Ende hin auf einem Mix von Straßen, asphaltierten Wirtschaftswegen, naturbelassenen Wegen und Pfaden – zum Teil beschildert als Radrunde Allgäu.

Wie komm ich hin?

ÖPNV: Bahnhof Pfronten-Ried

Mit dem Auto: Parkplatz Bahnhof Pfronten-Ried, Ladehofstraße, Pfronten-Ried

Was muss ich sehen?

1. Gasthof Vilstalsäge
2. Pfarrkirche St. Nikolaus
3. Gasthof Fallmühle
4. Mahl- und Sägemühle

Wo tank ich auf?

Braugasthof Falkenstein, Allgäuer Straße 28, Pfronten-Ried

Gasthaus Vilstalsäge, Vilstalstraße 93, Pfronten (Zeiten beachten!)

Alpengasthof Zur Post, Schattwald 21, Schattwald

Klimbim – Café und Genuss, Höf 15, Tannheim

TOURSTART

*Wir starten am Bahnhof von Pfronten-Ried, den wir geradeaus über die Bahnhofstraße verlassen, um direkt links in die Allgäuer Straße einzubiegen. Dieser folgen wir sowie durch die Rechtskurve und biegen vor der Polizeiwache rechts in die Vilstalstraße hinein (**Wegepunkt ❶**).*

Mehr Informationen über den Ort finden Sie im **Ortsporträt Pfronten** (siehe S. 154).

Wir folgen der Vilstalstraße auf den nächsten Kilometern. Radler sind exotisch auf dieser Straße – Autos zum Glück auch, während es wellig immer wieder „Achtung Weidegebiet" lautet. Dann ein Schild, dass wir mit „Kuh-Wildwechsel" auf der Straße rechnen müssen!

Schon am Ortsende von Pfronten wird es sehr ruhig: Wir radeln am **Haus des Gastes** und am **Kurpark** vorbei, passieren letzte Häuser und **Sägewerke** und fahren an gurgelnden Bächen und **Wasserfällen** vorbei. Am Wegesrand liegt auch der **1 Gasthof Vilstalsäge**. Falls der Hunger schon da ist: Hier können wir uns für´s Hochgebirge stärken. Wer selber Verpflegung dabei hat, kann wenig später an einem Parkplatz am rauschenden Fluss picknicken, während sich die Kinder auf dem Spielplatz austoben.

*Hinter dem Parkplatz (**Wegepunkt ❷**) ist die Straße nur noch für Landverkehr frei. Aufpassen müssen wir bei den Stahl-Querrillen, die nicht nur Reifen killen, sondern auch zum Sturz führen können. Der Bodenbelag wechselt zu Schotter, hält erste Steigungen bereit und bringt uns zu einer kleinen Flussbrücke (**Wegepunkt ❸**). Ab hier wird es trotz der E-Motoren an unseren Bikes anstrengend. Den Schildern „Schattwald" folgend, kurbeln wir über den kleinen Waldweg mit mehreren Steigungen und einem leichten Gefälle auf dem Weg namens „Steig" nach Kappl.*

Die **Vils** kommt uns in der ersten Hälfte unserer Strecke entgegen. Insgesamt ist sie 36 km lang, ehe

Von Pfronten machen wir uns auf ins Hochgebirge

sie sich mit den Fluten des Leches vermischt. Übrigens: Die Quelle liegt in den Allgäuer Alpen, die zu Tirol gehören – direkt unter dem „Jubiläumsweg", einem hochalpinen Wanderweg.

Über Fußwege von unserem Weg zu erreichen liegt **Jungholz** auf 1.054 m. Die 8 qkm gehören eigentlich zu Österreich. Da sie aber straßenmäßig nur von deutschem Boden aus zu erreichen sind, wurde die Enklave zum „Zollanschlussgebiet" erklärt. Kirchlich gehört Jungholz zum deutschen Wertach, politisch zum österreichischen Reutte.

Zwischendurch liegt neben uns der **Vilstalstausee**, der sich teils im dichten Wald versteckt. Durch die begrünten Dächer fällt die Kläranlage Tannheimertal daneben kaum auf.

Geradlinig geht es durch Kappl und das sich direkt anschließende Wies auf den gleichnamigen Straßen.

Das **Tannheimer Tal** hat sich zu einer sehr beliebten Urlaubsregion entwickelt. Die Touristen kommen über das ganze Jahr hinweg. Im Winter kommen die Skiläufer, im restlichen Jahr tummeln sich Wanderer und

Radler auf den perfekt präparierten Wegen. Und zu entdecken gibt es auch reichlich, wie z.B. die **Pfarrkirche St. Wolfgang** im Ort Wies. Lange vor den Urlaubern kamen Siedler in die Region, wobei das Tannheimer Tal vom Allgäu aus besiedelt wurde. Die Ländereien gehörten zwischen 1750 und 1850 zum Bistum Augsburg. 1059 wurde der Augsburger Bischof von Kaiser Heinrich IV. mit Rechten ausgestattet, die ihm erlaubten, Wälder zu roden und Höfe anzulegen. Um 1300 wurden der Grund und Boden als Lehen an die Grafen von Monfort und die Grafen von Rettenberg gegeben.

Kaum im österreichischen Tannheimer Tal angekommen, entdecken wir verblüfft, dass wir auf der Radrunde Allgäu unterwegs sind. Die geleitet uns via Fricken, Zöbeln und Tannheim an Grän vorbei.

Pfarrkirche St. Nikolaus war der Anfang einer eigenen Pfarrei in Tannheim

Das Flüsschen **Vils** ist die Lebensader im Tannheimer Tal. Das Hochtal liegt zwischen 1.060 und 1.140 m Höhe. Für die „noch höheren" Dinge war lange die Pfarrei Sonthofen zuständig, bis Tannheim 1377 eine eigene Pfarrei wurde. Genau in dem Jahr wurde auch die **2 Pfarrkirche St. Nikolaus** im Ort Tannheim erstmals erwähnt. Die Barockausstattung ersetzte 1722 die alte Bausubstanz. Mehr über das Tannheimer Tal erfahren wir im örtlichen Heimatmuseum. Dem in Tirol hochverehrten Andreas Hofer wurde in Tannheim ein Denkmal gesetzt. Erwähnenswert ist die **„Lourdeskapelle in der Grotte"** von 1902.

Bei Grän haben wir den **höchsten Punkt** unserer Tour erreicht – bis auf 1.149 m haben wir uns hinaufgekurbelt. Ein kleiner Abstecher in die Ortsmitte von Grän lohnt sich wegen der einladenden Gastronomie und wegen der **Kirche zum Heiligen Wendelin**, die 1789 anstelle einer älteren Kapelle errichtet wurde. Von Grän führt die 616 m lange **Doppelsesselliftbahn** hinauf zum Füssener Jöchle. In 17 ½ Minuten werden wir auf 1.821 m geschaukelt, um einen herrlichen Fernblick genießen zu können.

*Bei Grän rollen wir auf der Radrunde Allgäu in Sichtweite des Campingplatzes entlang und treffen auf die Engetalstraße (**Wegepunkt 4**), der wir nach links Richtung Enge folgen. Ein „verfransen" ist nicht möglich, auch wenn unsere kleine Straße den Namen in „Am Alten Zoll", Gräner Landstraße" und „Achtalstraße" wechselt und*

wir teils auf, teils neben der Straße rollen. Dabei geht es mitunter recht bergab und immer wieder über Querrinnen – also bitte vorsichtig fahren!

Wir rollen durch das idyllische Seebachtal und kommen am 3 **Gasthof Fallmühle** vorbei, der auf eine lange und bewegte Historie zurückblickt. Im Jahre 1783 wurden die ersten Gebäude errichtet. In den Folgejahren kamen viele Gäste hierher, unter ihnen Urlauber, Grenzer und Sportler aber auch Schmuggler und Wilderer. Fotos widmen sich der **Bergsteigergeschichte** in der Region und **alte Werkzeuge** erzählen von der harten Arbeit der Holzfäller.

*Bei den ersten Häusern im Tal treffen wir auf die Kienbergstraße (**Wegepunkt** ❺), die uns an mehreren Feriendomizilen vorbei führt.*

Rechterhand liegt der Pfrontener Ortsteil Steinach mit dem schön angelegten **Alpengarten** und einigen anderen Attraktionen – siehe **Ortsporträt Pfronten** (S. 154).

Am Weiher biegen wir links in den gleichnamigen Weg ab, der uns wieder aus der Wohnbebauung hinaus bringt und seinen Namen in Bläseweg wechselt. An der ersten Kreuzung geradeaus, über die Vilsbrücke hinweg und dahinter rechts auf die Vilstalstraße.

Gegen Ende der Tour liegt das Mühlen-Museum Bläsis-Mühle direkt am Wegesrand. Die älteste 4 **Mahl- und Sägemühle** der Pfrontener Gemeinde wurde schon im 15. Jh. in Betrieb genommen.

*Von der Vilstalstraße aus folgen wir einfach demselben Weg retour, auf dem wir herkamen. Also bis zur Allgäuer Straße, dort links (**Wegepunkt** ❶) durch die Kurven und an der Bahnhofstraße rechts zum Bahnhof Pfronten-Ried, wo die Runde endet.*

Rechts neben uns rauscht die Vils und direkt am anderen Ufer erstreckt sich der weitläufige **Kurpark** von Pfronten. Am Rand steht die **Alte Hammerschmiede** mit zwei Wasserrädern aus Metall.

Reisemobilstellplätze an oder nahe der Route

Wohnmobilstellplatz Pfronten, Am Wiesele 7, Pfronten-Weißbach
Wohnmobilstellplatz Friedl, Oberdolden 38a, Eisenberg
Alpenwelt Camping & Apparatements, Kienzerle 3, Tannheim
Comfortcamp Grän, Engetalstraße 13, Grän
Naturcamping Haldensee, Seewiesenweg 12, Haldensee

E-Bike Ladestationen an oder nahe der Route

EWR Elektrizitätswerke-Reutte, Bahnhofsplatz 1, Pfronten

Orts-
porträt

PFRONTEN

Schon die Römer reisten gerne in fremde Lande – wie uns die Geschichte lehrt, allerdings nicht immer sehr friedvoll. Und so führte seinerzeit eine Nachschubstraße über die Alpen nach Kempten genau durch das heutige Stadtgebiet. Die Römer sprachen von „Ad frontes Alpium Juliarum", was so viel bedeutete wie „an der Grenze" oder „am Alpenrand".

Die Namensgebung wäre damit aber noch nicht geklärt. Vermutlich basiert sie auf dem romanischen Begriff „frontone". Übersetzen kann man dies mit „Stirne der Alpen" – könnte also passen.

Nun aber zu den gesicherten Fakten: Pfronten bezeichnet sich selbst als „13-Dörfer-Gemeinde". Diese Dörfer verteilen sich auf 62 qkm und sind daher entsprechend verstreut, so dass wir kein größeres Ortszentrum ausmachen können.

Dafür aber bieten viele der Dörfer außergewöhnliche Sehenswürdigkeiten, wie z.B. **Berg**, das von seiner **Pfarrkirche St. Nikolaus** überragt wird. An der Stelle eines Vorgängerbaus entstand dieses Gotteshaus Ende des 17. Jahrhunderts. Einige Details wie die Stuckaturen, die wir heute sehen, stammen zum Teil aus

Typisch Allgäu rund um Pfronten-Berg

dem 18. Jh., da im Jahre 1776 ein großes Stück Gips von der Decke gefallen war. Die Glorie des Heiligen Nikolaus nahm sich Anton Keller 1780 zum Motiv, als er im Langhaus das Fresko schuf. Ganz in der Nähe der Kirche steht ein **historisches Bauernhaus** aus feinstem Holz. Es wird inzwischen für eine **heimatkundliche Ausstellung** genutzt. Besonders spannend sind hier die Exponate aus Haushalten des 19. und 20. Jhds., die von alten Werkzeugen ergänzt werden.

Auch in **Kappel** widmen wir uns dem Gotteshaus: Die Empore der **Kirche St. Martin** ziert eine barocke Darstellung von Christus und den 12 Aposteln.

Weit über unseren Köpfen thront die **Burgruine Falkenstein** auf einer Höhe von 1.268 Metern – keine Burgruine Deutschlands liegt höher! König Ludwig II. plante,

Um Burg Falkenstein zu entdecken, müssen wir genau hinsehen

aus der Ruine ein weiteres Traumschloss zu gestalten. Durch seinen mysteriösen Tod im Starnberger See kam es dazu aber nicht mehr. Das kleine **Museum** unterhalb der Ruine erzählt mehr von diesen Ideen.

Die zentrale Anlaufstelle für uns Touristen ist das **Haus des Gastes**. In dem denkmalgeschützten Gebäude war lange Zeit eine Schule untergebracht. Nachdem die Räume zu klein wurden, folgte ein neuer Schulbau. Nun finden wir außer der Informationsstelle eine Ausstellung von Werken verschiedener einheimi-

scher Künstler. Wem das nicht „exotisch" genug ist, der besucht das **Heumuseum**, in dem wir erfahren, wie auf den Almen Heu gemacht wird. Noch eins ´drauf in Sachen Ungewöhnliches setzt der örtliche **Alpengarten** mit 450 verschiedenen Pflanzenarten.

Bei Urlaubern steht Pfronten seit vielen Jahren hoch im Kurs – viele kommen immer wieder her. Das liegt zum einen an der guten Luft, denn Pfronten ist staatlich anerkannter Luftkurort. Zudem ist alles angerichtet für einen unterhaltsamen Aktivurlaub: Die **Radrunde Allgäu**, der wir auf mehreren Touren in diesem Buch folgen, verläuft hier. 219 km Pedalenspaß verspricht die **Schlossparkradrunde**. Sie beginnt und endet in Füssen mit den Etappenorten Lechbruck am See, Waal, Eggenthal und Nesselwang. Personen, die lieber per Pedes unterwegs sind, nutzen die drei Alternativen der **Wandertrilogie Allgäu**.

Gut geliftet mit der Breitenbergbahn

Wer einen neuen Kick oder einfach ein wunderbares Ausflugsgebiet sucht, lässt sich mit der **Breitenbergbahn** in die Höhe liften. Oben angekommen, lassen wir unsere Blicke in die Ferne schweifen. Die atemberaubende Rundsicht umfasst auch die **Burgruine Falkenstein**, die gleich auf dem Berg „gegenüber" liegt. Danach können wir es uns im Restaurant gut gehen lassen, den unterschiedlichen Wanderwegen, dem GEOpfad Pfronten oder dem Mountainbike-Parcours folgen. Vielleicht wäre aber auch der **Mountainbike-Marathon** etwas aufregender? Er zählt auf alle Fälle zu den schönsten Deutschlands und ist ein fester Bestandteil des Veranstaltungskalenders.

In diesem finden wir auch die genauen Termine zur **Pfrontener Viehscheid**, der größten im Ostallgäu, zum **Pfrontener Trachtenmarkt** oder zum **internationalen Oldtimertreffen**.

Mystische Stimmung am Weißensee

Tour 20

Länge 39 km

BURGEN, SEEN UND GANZ VIEL NATUR

Rundtour von Füssen über Hopfen am See und Pfronten

Nachdem wir in und um Füssen so viele Highlights in der vorhergehenden Radrunde entdeckt haben, ist es mal Zeit für eine Genuss-Tour mit unseren E-Bikes. Dafür begeben wir uns auf eine Tour, die uns um den Hopfensee herum bis vor die Tore Pfrontens führt. Auf dem Rückweg am Alat- und am Obersee entlang kommen die E-Motoren ordentlich zum Einsatz.

Was erwartet mich?

39 km, eine hügelige Tour mit zwei kräftigen Anstiegen auf einem Mix von Straßen, asphaltierten Wirtschaftswegen, naturbelassenen Wegen und Pfaden – zum Teil beschildert als Radrunde Allgäu.

Wie komm ich hin?

ÖPNV: Bahnhof Füssen

Mit dem Auto: Parkplatz Morisse APCOA, Kemptener Straße, Füssen

Was muss ich sehen?

1. Pfarrkirche St. Peter und Paul
2. Wallfahrtskirche Maria Hilf
3. Burgenmuseum
4. Alatsee

Wo tank ich auf?

KäseAlp, Lehern 158, Hopferau-Lehern

Maria-Hilfer Sudhaus / Kössel-Bräu, Mariahilfer Straße 17, Eisenberg-Zell

Bäckerei und Café Lipp, Meilinger Straße 2, Pfronten-Ried

Waldwirtschaft am Mittersee, Badseeweg 5, Füssen (am Mittersee)

TOURSTART

*Wir starten am Bahnhof von Füssen, den wir rechts versetzt über die Bahnhofstraße verlassen, um den Kreisverkehr geradeaus in den Prinzregentenplatz zu überqueren. An der Ampel links in die Augsburger Straße, die an der nächsten Kreuzung einen separaten Radweg bietet. Am Kreisverkehr fahren wir links in die Hopfener Straße (**Wegepunkt** ❶) und können ab hier den Schildern des Fernradwegs „Radrunde Allgäu" bzw. des „Bodensee-Königssee-Radwegs" folgen.*

In der Nähe des Kreisverkehrs liegt die Anlegestelle der **Forggensee-Schifffahrt**. Mehr Informationen über den Ort finden Sie im **Ortsporträt Füssen** (siehe S. 164).

Die Hopfener Straße bringt uns mit einem ordentlichen Anstieg und anschließendem Gefälle ans Ufer des Hopfensees.

Am Wegesrand liegt einer der besten **Campingplätze** Deutschlands, dann blicken wir über den etwa 2x2 km großen **Hopfensee** auf die Kulisse der Alpenriesen – einfach herrlich! Eisdielen, Cafés, Restaurants, Bootsverleih und vieles mehr locken zu einem Aufenthalt in Hopfen am See. Auf dieser Seite des Sees wächst kein Schilf, daher ist es so beliebt bei den Gästen, die auch zum Kuren kommen – kneippen und gute Luft atmen ist hier angesagt.

Freunde der sakralen Kunst können sich der [1] **Pfarrkirche St. Peter und Paul** widmen, die es hier schon seit 1.000 Jahren gibt. Das heutige Gotteshaus stammt aus dem 18. Jh. und verbirgt gotische Wandmalereien. Hoch über unseren Köpfen liegt die Ruine der **Burg Hopfen**.

Das Nordufer des Hopfensees umrunden wir neben der Straße, der wir via Hopferau mit einer ersten Steigung nach Eisenberg folgen.

Aus einer 1504 geweihten Schlosskapelle der Freiherrn von Freyberg-Eisenberg ging die heutige **Pfarrkirche St. Martin und Sebastian** von Hopferau hervor. Den Freiherrn gehörten die Ländereien um Hopferau seit dem 14. Jahrhundert. Grund genug, sich 1468 auch ein kleines **Schloss** bauen zu lassen, das bis 1838 in Familienbesitz blieb.

Unterwegs lockt ein kleiner Schlenker über Lehern zur **Emmentaler-Käserei**. Eingebettet in weite Wiesen und mit Blick auf die Königsschlösser wird hier seit 1890 Käse hergestellt. Lehern liegt am gekennzeichneten Allgäuer Emmentaler-Radweg, der insgesamt 38,5 km und 550 hm umfasst.

Ein echtes Highlight ist die 2 **Wallfahrtskirche Maria Hilf** in Speiden, die zu den wichtigsten Pilgerzielen des Allgäus zählt. Dementsprechend prunkvoll fiel die Ausstattung des 1678 geweihten Gotteshauses aus. Im 30jährigen Krieg bekam ein ausgehungertes Mädchen von Soldaten etwas zu essen. Aus Dankbarkeit ließ der Vater Christian Steinacher am Grab der Soldaten die Gandenkkapelle bauen.

Über eine bergige Auffahrt geht es zu den **Burgruinen Eisenberg** und **Hohenfreyberg**. Von der Schlossbergalm geht es nochmals zu Fuß für rund 10 Minuten den rot-weißen Markierungen folgend mächtig bergauf. In mystischer Schönheit recken sich die hellgrauen Mauerreste, darunter die des Bergfrieds, aus dem satten Grün der Wiesen und Bäume empor. Burg Eisenberg wurde im 12. Jh. erbaut. Um unter den beiden Brüdern der Familie einen Streit zu vermeiden, wurde mit der Burg Hohenfreyberg bis 1432 eine zweite Burg errichtet. Damit sie nicht den Schweden in die Hände fielen, wurden beide Burgen im 30jährigen Krieg zerstört.

Die Schilder der „Radrunde Allgäu" bzw. des „Bodensee-Königssee-Radwegs" führen uns mit teils kräftigen Anstiegen und entspannten Gefällstrecken via Zell und Rehbichl nach Kappel.

Der Hopfensee bietet perfekte Urlaubsbedingungen

Wallfahrtskirche Maria Hilf ist das Ziel vieler Pilger

Reisemobilstellplätze an oder nahe der Route

Wohnmobilplatz Füssen, Sportstudio, Abt-Hafner-Straße 2, Füssen

Wohnmobilstellplatz Am Schönebach, Am Schönebach 12, Eisenberg

Camping Magdalena & Haus Sonnenlage, Bachtalstraße 10, Rieden

Campingplatz Seewang, Tiefental 1, Rieden

Camping Hopfensee, Fischerbichl 17, Füssen-Hopfen

E-Bike Ladestationen an oder nahe der Route

E-Bike Ladestationen, Abt-Hafner-Straße 14, Füssen

E-Bike Ladestationen, Kaiser-Maximilian-Platz 1A, Füssen (Schlüssel an der Touri-Info)

Allgäuer Überlandwerk, Ottostraße 7, Füssen

eBike-Tankstelle Schloss zu Hopferau, Schloßstraße, 9, Hopferau

Ein „geschmackvoller" Abstecher führt zur **Bergkäserei Weizern** am Allgäuer Emmentaler-Radweg. Die seit 1896 bestehende Käserei verzichtet auf den Einsatz von Silomilch, ein Einkauf lohnt sich!

Seit 1985 gibt es das [3] **Burgenmuseum** in Zell, das 2017 nach aktuellen pädagogischen Maßstäben neu gestaltet wurde. In fünf Themen- und einem Medienraum erfahren wir alles Wissenswerte zu den Eisenberger Burgen. Unser Eintrittspreis trägt zum Erhalt der Burgruinen bei.

*Der Fernradweg führt abseits der befahrenen Straße von Kappel rechts (**Wegepunkt** ❷) nach Ried und trifft dort auf die Vilstalstraße (**Wegepunkt** ❸). Hier links, an der B309 (Allgäuer Straße, **Wegepunkt** ❹) wieder links und hinter der Linkskurve rechts in die Mellinger Straße.*

Mehr Informationen über den Ort finden Sie im **Ortsporträt Pfronten** (siehe S. 154).

Nachdem wir in Ried die Schienen überquert haben, rechts in den Drosselweg, der sich mit leichtem Gefälle wunderbar ans Ufer der Vils gesellt.

Links über uns liegt die Ruine der **Burg Falkenstein** auf 1.277 m und gilt damit als höchste Burgruine Deutschlands. Nicht ganz so hoch müssen wir zur **Mariengrotte** aufsteigen. In einer Felsnische entdecken wir die farbenfrohe Mariendarstellung, die eine magische Wirkung auf den Betrachter ausübt.

*In Ösch wechselt der Radweg zunächst an das rechte Ufer der Vils (**Wegepunkt** ❺) und hinterm Bahnhof Steinach wieder auf die linke Seite.*

Unbemerkt rollen wir auf österreichischem Boden an der Vils entlang. Wenn wir genau hinsehen, entdecken wir am Wegesrand ein **Keltisches Baumhoroskop**, das uns die Wesenszüge eines „Buchenmenschen" erklärt.

*Hinter einem Spielplatz treffen wir auf eine Querstraße (**Wegepunkt** ❻), wo wir links abbiegen. Hinter der Rechtskurve biegen wir von der Ländestraße links in die Georg-Schretter-Straße. Dann heißt es „Motoren auf volle Leistung gestellt" und hinauf zum Alatsee.*

Glasklares Wasser am Alatsee

Ein kleiner **Grenzstein** markiert die „Grüne Grenze" zu Österreich – ab hier radeln wir wieder in Deutschland. Etwas dahinter liegt der **Weißensee** – ein weiterer mystischer Ort, teils eingerahmt von hohen Felsen.

Dem Ufer des Alatsees folgen wir nach rechts gegen den Uhrzeigersinn.

Eingebettet in dichte Nadelwälder liegt der malerische 4 **Alatsee**. Einen Badestrand gibt es auch, wenn wir diesem im Uhrzeigersinn folgen.

*Der Uferweg trifft auf die Straße Am Alatsee (**Wegepunkt 7**), der wir bergab nach rechts folgen, um zum Obersee- bzw. Mittersee zu gelangen.*

An einer urigen Blockhütte vorbei geleitet uns der Weg zum **Ober-** und **Mittersee** sowie zum **Gipsloch** und zum **Gipsbruchweiher**.

Vom Mittersee gleiten wir hinunter nach Bad Faulenbach, das wir geradlinig auf der Alatseestraße durchradeln.

Bad Faulenbach ist bekannt für seine **schwefelhaltigen Heilquellen**, die schon von den Römern entdeckt wurden.

In Bad Faulenbach links in die Straße namens „Morisse". Am ersten Kreisverkehr geradeaus in die Glückstraße, die hinter der Rechtskurve in die Ottostraße übergeht. Am nächsten Kreisel geradeaus in den Park hinein. Direkt dahinter liegt der Bahnhof, an dem die Radrunde endet.

Die Namen der Weiher lassen es erahnen: Die **Karstlandschaft** um uns herum sorgte nicht nur für die Heilquellen, sondern auch für Baustoffe. Inzwischen wurde die Region als Landschaftsschutzgebiet erklärt, dazu gehört auch der spektakuläre **Morissedurchbruch**.

FÜSSEN

Eigentlich ist Füssen ja „nur" eine Kleinststadt – und doch kommen Jahr für Jahr unzählige Besucher und Erkrankte in diese Ecke des Allgäus. Die Gründe sind vielfältig: Die herrliche Bergwelt, die perfekten Radwege, die einladende Innenstadt, die weltberühmten Königsschlösser oder die Reha-Einrichtungen in Hopfen, Weißensee und Bad Faulenbach, die aus Füssen ein Moor- und Mineralheilbad sowie einen Kneipp- und Luftkurort formen.

Direkt vor den Toren Füssens funkelt der **Forggensee** genau an der Stelle, wo sich einst der gleichnamige Ort befand. Nach der Eiszeit formten die sich zurückziehenden Gletscher ein großes Becken, in dem der Lech sich sein Bett suchte und sich zwischenzeitlich zu einem riesigen See mit rund 60 qkm Fläche ausbreitete. Dieser sogenannte Füssener See bedeckte freilich mehr Fläche als der heutige Forggensee – auch die kleinen Seen, die wir auf unseren Touren umkurven, waren seinerzeit vom Füssener See umschlossen.

Im Jahre 1898 gab es Pläne die Kraft des Lechs zur Gewinnung von Energie zu nutzen – es wurden schon erste Grundstücke im Lechdurchbruch dafür aufgekauft. Die damals erteilten Genehmigungen erloschen aber ungenutzt wieder und der Erste Weltkrieg setzte andere Prioritäten. Erst 1940 kam Fahrt in die Wassernutzung an den Ufern von Donau, Isar und auch am Lech. Nun stoppte der Zweite Weltkrieg die Entwicklung, so dass die ehrgeizigen Projekte erst ab 1950 angegangen werden konnten. Vor der Realisierung standen Streitigkeiten mit Anwohnern, die umgesiedelt werden mussten. Doch schon 1954 konnten die Bauarbeiten für das Lechstauwerk abgeschlossen werden. Neben der Energiegewinnung dient der Forggensee zur Hochwasserregulierung, die nach dem Einsetzen der Schneeschmelze für die Anrainer wichtig ist. Im Winter wird der Wasserstand im See weit abgesenkt. So kann es vorkommen, dass Spuren der Via Claudia Augusta sichtbar werden. Die um 46 n. Chr. angelegte Römerstraße führte einst von Donauwörth nach Verona, denn es war der leichteste Alpenübergang, ideal auch für uns Radler!

Die Geschichte Füssens begann mit einem Kastell namens Foetibus im 3./4. Jh., mit dem die Römer ihre Via Claudia Augusta sichern wollten. Um 725 kam ein

Benediktinermönch namens Magnus aus St. Gallen hierher und gründete eine Zelle. Auf diese Gründerzeit geht auch die Krypta (9. Jh.) in der **St.-Mang-Basilka** zurück. Das ansonsten barocke Innere schmückt u.a. ein Fresko aus dem 10. Jahrhundert.

Die Silhouette der Stadt wird von der **Klosteranlage St. Mang** und dem **Hohen Schloss** geprägt. Hier im **Museum** der Stadt Füssen erfahren wir vieles über die Stadthistorie, den Geigenbau Füssens und das Leben im Kloster.

Im Jahre 1286 wurden Füssen die Stadtrechte verliehen, dennoch unterstanden Stadt und Kloster dem Augsburger Bischof. Es entwickelte sich eine Handelsmetropole, die allerdings durch den 30-jährigen Krieg in die Bedeutungslosigkeit fiel.

Die Gründung der „mechanischen Seilerwarenfabrik" und die Bauarbeiten an den Königsschlössern brachten Ende des 19. Jhds. wieder Leben in die Stadt. Und das pulsiert täglich in der City, die bei Einheimischen und Gästen gleichermaßen beliebt ist. An dem Weg vom Bahnhof zur Fußgängerzone steht die **Krippkirche St. Nikolaus** von 1718 mit einem Altar aus Stuckmarmor.

Das wichtigste Gotteshaus der Stadt ist aber das schon erwähnte ehemalige Kloster mit der Klosterkirche St. Mang. Am Gotteshaus wurde von 1701 bis 1717 gebaut, wobei als Fundament die Vorgängerkirche diente.

In direkter Nähe erhebt sich das 1291 an der Stelle des Römerkastells erbaute **Hohe Schloss**. Die Fassade ist ein perfektes Beispiel für die Illusionsmalerei der damaligen Zeit. In einem Seitenflügel finden wir die **Staatsgalerie** mit Werken Allgäuer Künstler aus der Zeit bis ins 16. Jh. und Werke des Illustrators Pocci. Auch den **Rittersaal** mit seiner tollen Kassettendecke sollten wir uns nicht entgehen lassen.

Auf dem **Brotmarkt** finden wir einen **Brunnen**, der sich auf die lange Geschichte der Saiteninstrumentenfertigung bezieht. Die „Lautenmacherei" wurde hier in Füssen erfunden und perfektioniert.

Auch für den Rest der Stadterkundung bietet es sich an, die E-Bikes zu sichern und zu Fuß vom **Magnusplatz** über die Straße namens „Lechhalde" zur **Theresienbrücke** zu wandern. Hier erblicken wir die 1748/49 erbaute **Spitalkirche Heilig Geist**. Die volkstümliche

Brotzeit in der Fußgängerzone...

... kritisch beäugt am Brotmarkt

Ein Spaziergang durch die Altstadt führt uns vorbei am Rathaus...

Fassadenmalerei findet an der Fassade dieser Kirche einen der perfektesten Glanzpunkte in ganz Deutschland. Wer sich von der Fassadenmalerei losreißen kann und ins Innere geht, erfreut sich an detailgetreuen Darstellungen. Hier zieht vor allem das Deckenbild, in dem die 7 Sakramente und die 7 Gaben des Heiligen Geistes thematisiert werden, unsere Blicke auf sich.

Nun sind wir schon fast am Lech – also nichts wie auf die **Lechbrücke**, die uns auf das andere Ufer bringt. Doch zuvor müssen wir uns mitten auf der Brücke umdrehen und zurückblicken: Die Aussicht auf die Altstadt ist von hier atemberaubend! Am anderen Ufer wenden wir uns nach rechts und folgen der Straße namens Mühlbachgasse zum **Reptilienmuseum Allgäu**. Noch bis 2016 saß bei Dieter Graf ein Leguan auf dem Sofa. Ob das der Streit mit den Familienkatzen war, ist nicht ganz klar. Jedenfalls entschloss sich „Herrchen", einen Reptilienzoo in Füssen zu gründen. Heute haben hier ganz viele Artgenossen ein neues Zuhause bekommen, unter ihnen Schlangen, Echsen, Fische, Amphibien, Kaimane, Vögel, Spinnen und Insekten.

Nun geht's zurück zur Brücke, aber dann scharf rechts auf die Tiroler Straße. Auf ihr sind es nur noch wenige Meter, bis wir rechts auf den Maxsteg abzweigen können und es richtig laut wird um uns herum: Neben uns tost der **Mangfall** über mehrere Stufen in die Tiefe. Als ob die kurze, aber eindrucksvolle Klamm nicht schon aufregend genug wäre, baute man von 1784 bis 1787 ein Stauwehr, um hier die Kraft des Lechs nutzen zu können. Übrigens stehen wir hier vor dem wasserreichsten Wasserfall Deutschlands – da ist es eigentlich egal, dass der Lechfall seinerzeit zum Teil von Menschenhand geschaffen wurde. Wenn wir genau hinschauen, entdecken wir in einer Nische das Antlitz

von König Maximilian II. und den Fußabdruck vom Heiligen Magnus. Magnus soll an dieser Stelle über den Lech gesprungen sein, um den Heiden zu entkommen – die Legende spricht vom „Magnustritt". Eigentlich ist es eine versteinerte Muschel – aber wen interessiert das, bei dieser schönen Geschichte?

Auf der anderen Seite des Lechs folgen wir dem Weg am Ufer entlang flussaufwärts via Lände- und Mühlenweg sowie über das Faulenbachgässchen zur **Heiliggeist-Kirche**. Von hier aus folgen wir dem Lechufer oder der Flößergasse. Dicht gedrängt stehen die **Klosterkirche St. Stephan** (1763), das **Franziskanerkloster** (1714), das **Bleichertörle** (14. / 19. Jh.) und Reste der **Stadtmauer** (1502) beisammen. Die Mauerreste stellen die Verbindung her zum **Seilerturm** und zum **Sebastiantor**. Gleich in der Nähe steht die im 18. Jh. neu gestaltete **Friedhofskirche St. Sebastian**. Sie enthält noch Teile des Vorgängerbaus von 1507. Auch hier lockt ein Schritt ins Innere – die hochbarocken Altäre werden durch viel Licht und farbenfrohe Fresken stimmungsvoll in Szene gesetzt.

Nun haben wir uns die Einkehr aber wirklich verdient: Die Innenstadt ist schnell erreicht und im wunderbaren Ambiente der **Füssener Altstadt** schmecken Kaffee und Kuchen – oder auch Weißbier und Haxe – nochmal so gut!

... an der Kirche Heilig Geist...

Portrait der Königsschlösser

Weit über 1,4 Millionen Gäste pro Jahr können nicht irren – **Schloss Neuschwanstein** ist einfach wunderschön! Und das entdecken wir im Rahmen einer 35-minütigen Führung, wobei es 165 Stufen auf- und 181 Stufen abwärts geht.

Im Mai 1868 teilte König Ludwig II. seinem Freund Richard Wagner mit, dass er beabsichtigte, die Ruine Hohenschwangau im „Styl der alten deutschen Ritterburgen" neu aufbauen zu lassen. Bei der Planung stand vor allem die Wartburg Pate. Die Grundsteinlegung für das Schloss fand am 05.09.1869 statt, die Reste der Ruine waren da schon völlig entfernt worden.

Bis es 1884 bewohnbar war, mussten hunderte von Menschen hart schuften. Ludwig wohnte aber zu Lebzeiten ausschließlich in einer Baustelle, da nur rund 1/3 der Räume fertiggestellt waren. Und selbst in dieser Unvollständigkeit konnte der König gerade einmal 172 Tage verbringen. Wäre es nach Ludwig gegangen,

... und am Kloster St. Mang

Was ist schöner:
Schloss Hohenschwangau...

würden wir hier vor Ruinen stehen, denn er wollte sein Domizil niemals für die Öffentlichkeit zugänglich machen, sondern es nach seinem Tode zerstört wissen. „Bewahren Sie diese Räume als Heiligtum. Lassen Sie es nicht profanieren von Neugierigen, denn ich habe darin die bittersten Stunden meines Lebens verlebt."

Wir wissen also, was er dazu gesagt hätte, wäre er dabei gewesen, als nur wenige Wochen (!) nach seinem Tod die ersten neugierigen Besucher durch die Räume schritten. Das war nur möglich weil einige Räume erst später fertiggestellt wurden. Ludwig war durch seine monumentalen Bauvorhaben völlig überschuldet, obwohl Schloss Neuschwanstein damals nur umgerechnet 3,1 Millionen Euro kostete – für heutige Verhältnisse ein Schnäppchen, für Ludwig aber leider dennoch viel zu teuer. Kaum zu glauben, aber die vielen Millionen Besucher spülen jedes Jahr deutlich mehr Geld in die Kassen, als Bau und Unterhalt kosten – der König hätte sich also damit bestens sanieren können.

Die Fassade von Neuschwanstein ist weltberühmt – selbst in den USA und in Asien werden Modelle des Schlosses verkauft. Es ist aber auch ein echtes Traumschloss mit endlos vielen Details in der abwechslungsreichen Fassade.

Was das Äußere verspricht, übertrifft das Innere bei Weitem: Die Wandmalereien spiegeln die Opern Richard Wagners wider, denn Ludwig war Zeit seines Lebens ein großer Freund und Gönner Wagners. In den zahllosen Sälen, allen voran im Sängersaal und im Thronsaal, herrscht verschwenderischer Luxus. Sogar die Küchenräume, durch die wir geleitet werden, entführen uns in die längst vergangene Zeit und lassen auch diejenigen, die sonst nicht so sehr auf Kitsch stehen, mit der Zunge schnalzen. Bei den Führungen werden wir nicht nur auf das hingewiesen, was wir sehen, sondern bekommen als Zugabe jede Menge Infos und Geschichtchen ´drumherum. Auch wenn der Finger immer wieder zuckt: Fotografieren ist hier strengstens verboten.

Gleich vis-a-vis thront **Schloss Hohenschwangau** auf einem hohen Felsen. Da sich viele Besucher auf das berühmte Schloss Neuschwanstein konzentrieren, gestaltet sich ein Besuch der ehemaligen Burg Schwanstein viel entspannter. Der erste Bau aus dem 11. Jh., der für die Ritter von Schwangau errichtet wurde, war im 12. Jh. schon wieder zerstört. Im 16. Jh. wechselte der Besitz mehrfach, ehe die Burg ab 1547 in italieni-

… oder Schloss Neuschwanstein?

scher Handschrift mit Bastionen, mächtigen Mauern und Wehrtürmen wieder aufgebaut wurde. Kurfürst Albert V. kaufte das Schloss zunächst als Jagdschloss, das dann aber als Grenzfestung benötigt wurde. Nach starken Zerstörungen in den neapolitanischen Kriegen machten sich gleich mehrere Herrschaften daran, den Wiederaufbau zu organisieren.

Doch erst Ludwig II. ließ sich bis 1837 hier eine Sommerresidenz errichten. Dass schon die Fassade eine gewisse Spannung herstellt, liegt vielleicht daran, dass die Entwürfe aus der Feder des Theatermalers Quaglio stammen. Mit dem Schwanenrittersaal gedachte Ludwig mit einem kompletten Wandgemälde dem Schwanenritter Lohengrin.

Nicht versäumen dürfen wir eine Runde per Pedes um den **Alpsee**. Hier werden wir zwar nicht die einzigen sein, die unterwegs sind, dennoch sind die Ausblicke einfach wunderbar! Auch ein Abstecher zur **Marienbrücke** muss sein – bestimmt nicht der Einsamkeit wegen, sondern um die wohl berühmteste Aussicht auf Schloss Neuschwanstein zu genießen, während nahebei der Wasserfall 92 m in die Tiefe stürzt.

Schloss Hohenschwangau blickt auf Alp- und Schwanensee

Tour 21 Länge 34 km

KÖNIGLICHES FINALE

Rundtour von Füssen über Roßhaupten und Schwangau

Allgäu ohne Schloss Neuschwanstein? Undenkbar! Ja freilich: Es kommen täglich zahllose Touristen aus der ganzen Welt hierher, um sich das Königsschloss anzusehen. Wenn wir es aus der Nähe betrachten, wissen wir warum, denn es ist einfach wunderschön! Das Erlebnis perfektionieren wir noch mit einer entspannten Runde um den Forggensee.

Was erwartet mich?

34 km, eine hügelige Tour mit mehreren kurzen, kräftigen Anstiegen und Gefällen auf einem Mix von Straße, asphaltierten Wirtschaftswegen, naturbelassenen Wegen und Pfaden – teilweise beschildert als Via Claudia Augusta, Radrunde Allgäu und Forggensee-Rundweg.

Wie komm ich hin?

ÖPNV: Bahnhof Füssen
Mit dem Auto: Parkplatz Morisse APCOA, Kemptener Straße, Füssen

Was muss ich sehen?

1 Kurgarten Schwangau
2 Wallfahrtskirche St. Coloman
3 Schloss Neuschwanstein
4 Schloss Hohenschwangau

Wo tank ich auf?

Landbäckerei Sinz, Hauptstraße 21, Roßhaupten und am Bahnhof Füssen
Panorama-Stadl am Forggensee, Halblech
Kiosk Illasbergsee, OAL 1, Halblech
Im Landgarten, Kreuzweg 18, Schwangau

Kartentipp: **ADFC Regionalkarte Bayerische Seen**

TOURSTART

Wir starten am Bahnhof von Füssen, den wir über die Bahnhofstraße verlassen, um den Kreisverkehr geradeaus auf den Prinzregentenplatz zu überqueren. An der Ampel links in die Augsburger Straße. Ab hier können wir den Schildern des Fernradwegs „Via Claudia Augusta" folgen, die uns zunächst an der B16 entlang, dann aber auf einem Radweg in Seenähe geleiten.

Füssen schmiegt sich ans Lechufer

Mehr Informationen über den Ort finden Sie im **Ortsporträt Füssen** (siehe S. 164).

In direkter Nähe zu unserem Radweg liegt ein **Theater**, das eigens für das Musical „Ludwig II., Sehnsucht nach dem Paradies" errichtet wurde und damit das erste Theater ist, das an einem Originalschauplatz erbaut wurde.

Die Bayern lieben ihren **König Ludwig II**. Als Ludwig Friedrich Wilhelm wurde er am 25.08.1845 im Schloss Nymphenburg geboren. Am 10.03.1964 starb sein Vater Maximilian – noch am selben Tag wurde Ludwig II mit 18 Jahren neuer König von Bayern. Ludwig machte sich als „Märchenkönig" unsterblich, denn er war der Kunst leidenschaftlich verfallen. Richard Wagner finanzierte er die Fertigstellung des „Ring der Nibelungen" und baute ihm ein Festspielhaus. Noch bekannter sind seine **Schlösser**: Das Königshaus am Schachen, Schloss Linderhof, Schloss Herrenchiemsee und Schloss Neuschwanstein. Am Plansee in Tirol war ein weiteres Schloss in Planung, hier sollte es ein chinesisches Sommerschloss nach Vorbild des Pekinger Winterpalastes werden. Aber: Ludwig war völlig überschuldet. Zum Weiterbau der Schlösser fehlten Unsummen. In seinen letzten Jahren, die der König zurückgezogen auf Neuschwanstein verbrachte, soll der einst adrette Mann durch seinen starken Alkoholgenuss weniger hübsch gewesen sein. Über seinen Geisteszustand gab es verschiedenste Gerüchte. Belegt ist, dass er am 9.Juni.1886 durch die Regierung entmündigt wurde. Die Kommission, die Ludwig diese Nachricht überbringen sollte, wurde tags darauf unverrichteter Dinge heimge-

schickt. Wieder einen Tag später informierte Professor Gudden seinen „Ex"-König über die Entmündigung, Ludwig wurde verhaftet und am 12. Juni nach Schloss Berg am Würmsee, dem heutigen Starnberger See gebracht. Am 13. Juni machten sich Ludwig und Gudden um ca. 18.30 Uhr zu einem Spaziergang auf. Gegen 23.30 Uhr wurden beide tot im Wasser aufgefunden. Seitdem gibt es unzählige Gerüchte um Todesursache und -umstände.

Die Schilder mehrerer Themen-Radwege (Via Claudia Augusta, Radrunde Allgäu, Forggensee-Rundweg) weisen uns zuverlässig den mit kleinen Anstiegen gespickten Weg vorbei an Dürracker und Dietringen nach Roßhaupten.

Am Wegesrand gibt es viel zu entdecken: Die im 15. Jh. von Mönchen aus dem Kloster St. Mang gegründete **Filialkirche St. Urban**, das **Puppenmuseum** mit mehr als 600 Puppen in Rieden, die **Pfarrkirche „Zu den heiligen fünf Wunden"** oder die **Votivkapelle St. Maria Magdalena**, auf ihrem Sandsteinfelsen ein tolles Fotomotiv.

Ob der Name Roßhauptens von der altgermanischen Tradition her rührt, Pferdeköpfe aufzuhängen, ist nicht genau überliefert. Dass Jäger hier ihre Pferde stehen lassen mussten, weil ein Drache den Weg versperrte, ist leider auch nicht belegt, dafür aber ist seit 895 in der Magnuslegende bei der Drachentötung von einem „caput equi", „Haupt des Pferdes", zu lesen. Heute erinnert daran der steinerne Drache an der Tiefentalbrücke.

Innen wie Außen prachtvoll: Die Klosterkirche St. Mang

*Roßhaupten verlassen wir auf der Forggenseestraße (**Wegepunkt** ❶), die uns am Kunstpark vorbei hinunter zum Staudamm bringt (**Wegepunkt** ❷), über den wir hinweg rollen.*

Der **Kunstpark Via Claudia Augusta** lohnt zu einem Stopp, denn hier hat Bildhauer Josef Walk „römische Holzköpfe", „stählerne Pferde" und andere abstrakte Darstellungen erschaffen.

Einen Besuch sollten wir auch dem etwas tiefer gelegenen Informationszentrum der **Staustufe Roßhaupten** abstatten, das uns einen Einblick in die Technik gibt, die den Stau des Lechs ermöglicht.

Der „Forggensee-Rundweg" bleibt neben der Straße, gibt den Blick frei auf den Illasbergsee und führt ab den

Reisemobilstellplätze an oder nahe der Route

Wohnmobilplatz Füssen, Sportstudio, Abt-Hafner-Straße 2, Füssen
Wohnmobilpark und Campingplatz Bannwaldsee, Münchener Straße 151, Schwangau
Camping Magdalena & Haus Sonnenlage, Bachtalstraße 10, Rieden
Campingplatz Seewang, Tiefental 1, Rieden
Camping Hopfensee, Fischerbichl 17, Füssen-Hopfen
Camping Brunnen, Seestraße 81, Schwangau

E-Bike Ladestationen an oder nahe der Route

Allgäuer Überlandwerk, Ottostraße 7, Füssen
E-Bike Ladestation, Abt-Hafner-Straße 14, Füssen
E-Bike Ladestationen, Kaiser-Maximilian-Platz 1A, Füssen (Schlüssel an der Touri-Info)
E-Bike Ladestation, Augsburger Straße 2, Roßhaupten

ersten Häusern getrennt von der Straße an einem Picknickplatz und Höfen vorbei nach Kniebis.

Wir kurbeln hinauf zu einem der schönsten **Ausblicke** auf den Forggensee, den wir auf dem Rastplatz oder im Gasthof ausgiebig genießen können.

*Am Ortsausgang gesellt sich der Radweg wieder zur Straße, gibt den Blick auf den Schapfensee frei und erreicht nach einer kleinen Steigung Rauhenbichel. Am Ortsende leiten uns die Schilder des Forggensee-Rundwegs rechts (**Wegepunkt ❸**) Richtung Schwangau. Die Nebenstraße schlängelt sich elegant durch die Felder – immer wieder müssen wir kurz anhalten, um die wundervolle Aussicht auf Seen und Berge zu genießen. In Greith geht´s am Brunnen schräg links weiter (**Wegepunkt ❹**).*

Immer wieder stoppen wir unsere Bikes, um die herrliche Aussicht auf das **Alpenpanorama** und die zu unseren Füßen liegenden **Seen** wie den Schapfensee zu genießen.

*Nach ein paar Minuten auf ebener Straße geht es nochmals bergauf, bis wir dem Forggensee-Rundweg zweimal hintereinander der linken Straße folgen. Entspannt kommen wir zum Seeufer, radeln an einer Ecke geradeaus und weiter in welliger Fahrt durch die Felder. Hinter der schmalen Brücke rechts (**Wegepunkt ❺**). Die Forggensee-Radschilder geleiten uns durch Brunnen nach Waltenhofen.*

Das Ortsschild **„Lachen"** sollten wir auch bei dieser Radtour wörtlich nehmen. Auch der **Bannwaldsee** liegt so idyllisch, dass wir ihn auf einem Foto bannen müssen. Direkt hinter einer dekorativen Kapelle wird der Blick frei auf die Königsschlösser – fast schon theatralisch! In Waltenhofen entdecken wir mit der **Kirche St. Maria und Florian** eine gotische Kirche mit einem barocken Innenraum.

*In Waltenhofen verlassen wir den Forggensee-Rundweg nach links (**Wegepunkt ❻**), radeln durch Schwangau hindurch, über die B17 hinweg und geradewegs auf die Königsschlösser zu.*

Das Herzstück des **heilklimatischen Kurortes** Schwangau ist der 1 **Kurgarten** mit Spielmöglichkeiten, Kneipp-Tretbecken und der Königlichen Kristall-Therme.

Für diesen Anblick strömen Menschen aus aller Welt ins Allgäu!

Einem irischen Märtyrer ist die 1671 erbaute **2 Wallfahrtskirche St. Coloman** geweiht, die in herrlicher Einzellage im Feld an der Straße steht. Der irische Pilger Coloman, ein Königssohn, soll auf seinem Weg nach Palästina hier vorbei gekommen sein, ehe er 1012 in Stockerau (Nähe Wien) als „Spion" verhaftet und gemeinsam mit zwei Räubern erhängt wurde. Im Jahr 1015 fand er im Kloster Melk seine ewige Ruhe. An seinem damaligen Rastplatz bei Schwangau steht heute die besagte Kirche.

*Die Königsschlösser verlassen wir in Hohenschwangau auf dem Radweg entlang der Parkstraße (**Wegepunkt 7**) Richtung Füssen. Zum Ende der Tour geht es hinauf in die Füssener Innenstadt, dann immer geradeaus über den Kaiser-Maximilian-Platz, Prinzregentenplatz und Bahnhofstraße zum Bahnhof, wo unsere Runde endet.*

Die **Schlösser 3 Neuschwanstein** und **4 Hohenschwangau** sollten wir uns mit einer kleinen Extra-Tour gesondert vornehmen – es lohnt sich! Mehr dazu finden Sie im **Ortsporträt Füssen** (siehe S. 164).

Der Eibsee ist von atemberaubender Schönheit

Tour 22 Länge 131 km

ZWEI RADEL-TAGE, EIN GENUSS!

Rundtour von Füssen über Oberammergau und Ehrwald mit Verkürzungsoption über einen der Bahnhöfe auf halber Strecke

Herzlich Willkommen bei der „Königs-Tour" dieses Radwanderbuches! Es erwartet uns eine mehrtägige Rundtour, die uns einmal rund um die Ammergauer Alpen führt. Im ersten Teil geleitet uns der Bodensee-Königssee-Radweg vor die Tore von Garmisch-Partenkirchen. Von hier aus geht es durch das Loisachtal nach Ehrwald, um von dort auf der Via Claudia Augusta wieder retour nach Füssen zu radeln.

Was erwartet mich?

131 km, eine lange Tour für 2-4 Tage mit mehreren langen, teils auch steilen Anstiegen und Gefällstrecken. Die Tour verläuft auf einem Mix von Straßen, asphaltierten Wirtschaftswegen, naturbelassenen Wegen und Pfaden – teilweise beschildert als Bodensee-Königssee-Radweg und Via Claudia Augusta.

Wie komm ich hin?

ÖPNV: Bahnhof Füssen
Mit dem Auto: Parkplatz Morisse APCOA, Kemptener Straße, Füssen

Was muss ich sehen?

1 **Schloss Bullachberg**
2 **Pfarrkirche St. Martin**
3 **Historische Ludwigstraße**
4 **Olympiaschanze**
5 **Häselgehr-Wasserfall**
6 **Burgenwelt Ehrenberg**
7 **Fassadenmalereien** in Reutte

Wo tank ich auf?

Ana´s Café-Stadl, Kirchstraße 24, Halblech-Buchnig
Altenauer Dorfwirt, Obere Dorfstraße 19, Altenau
Brauchle & Sohn Bäckerei, Obere Dorfstraße 14, Altenau
Gasthof Zur Post, Römerweg 1, Saulgrub
Zum Bayerischen Paradies, Im Kirchfeld 5, Saulgrub
Il Duetto due im Kurpark, Hauptstraße 27a, Bad Kohlgrub
Bäckerei Luidl, Dorfplatz 2, Eschenlohe
Energy Lab, Bahnhofstraße 8, Farchant
Fischer´s am Mohrenplatz, Mohrenplatz 4, Garmisch-Partenkirchen
Franz Krönner Konditorei und Café, Achenfeldstraße 1, Garmisch-Partenkirchen
Schmölzer Wirt, Griesener Straße 7, Grainau
180° Restaurant Konditorei, Silbergasse 1, Lermoos
Restaurand Dorfstüberl, Gasse 33, Lähn
Heiterwanger-Blick Karliftstüberl, Karlift 1a, Heiterwang
Das Café, Obermarkt 49, Reutte

Kartentipp: **ADFC Regionalkarte Bayerische Seen**

*Dabei verlassen wir die bewohnten Regionen für einige Zeit, schalten die Elektromotoren an und kurbeln auf meist ansteigender Strecke durch ruhige Natur. Im Wald biegt der ausgeschilderte Radweg dann links ab (**Wegepunkt ❸**). Wir bleiben aber auf der Königstraße und halten uns rechts.*

Rechts neben uns erheben sich die Berggipfel der **Ammergauer Alpen**, die sich bis mehr als 1.500 m erheben und mit rund 289 qkm das größte bayerische Naturschutzgebiet darstellen.

*In Unternogg treffen wir wieder auf den Bodensee-Königssee-Radweg (**Wegepunkt ❹**) und erreichen über Altenau mit einer weiteren Steigung Saulgrub.*

Schon im 8. Jh. kamen die ersten Christen hierher ins Tal der Ammer, wobei ein Ort namens „Altenowe" 1270 erwähnt wird. Heute markieren die **Kirche St. Anton** und direkt daneben das Gasthaus **„Altenauer Dorfwirt"** die Ortsmitte von Altenau.

Etwas größer ist der Nachbarort Saulgrub, wo man die **Kirche St. Franziskus** würdevoll auf einer Anhöhe über dem Ort positioniert hat.

Eine Variante mit vielen steilen Kurven, die teils über Straßen verlaufen, führt über Unter- und Oberammergau hinunter nach Oberau. Oberammergau verbindet ein jeder mit den alle 10 Jahre stattfindenden **Passionsspielen**. Von einheimischen Laienschauspielern wird dann das Leben Jesu nachgespielt, wie es sich an den letzten 5 Tagen seines Daseins zugetragen hat.

Doch auch außerhalb der Spielzeit ist Oberammergau den Abstecher wert, denn entlang der teils engen Gassen reihen sich herrliche **historische Häuser** aneinander, viele davon mit Lüftlmalereien. Zudem ist der Ort auch wegen seiner **„Herrgottsschnitzer"** bekannt – die Holzmotive gibt es auch in Größen zu kaufen, die in unsere Fahrradtaschen passen.

Rund um Ammergau gibt es einen 85 km langen **Meditationsweg** mit 15 Stationen. Auch Ettal mit seinem einzigartigen Kloster ist einer dieser „Kraftorte". Den gesamten Klosterbezirk umgibt eine fast schon spürbare Mystik. 1330 wurde die heutige **Benediktinerabtei** gegründet. Für die **Klosterkirche** brauchen wir viel Zeit, denn sie ist eine wahre Augenweide! Mitbringsel? Der **Ettaler Klosterliqueur** ist sehr empfehlenswert!

Über den sanft abfallenden Radweg ist Bad Kohlgrub rasch erreicht.

Bereits im Jahre 1948 wurde Bad Kohlgrub als Heilbad geadelt. Zu Recht, denn auf 828 m gelegen ist es ist das **höchste Moorheilbad Deutschlands** und verspricht Linderung vor allem bei Ischias, Frauenleiden und Gicht. Die Ortsmitte ziert die 2 **Pfarrkirche St. Martin** mit einer sehenswerten Rokoko-Innenausstattung. Im Ort verteilt finden wir verschiedene alte (Bauern-) Häuser, wobei in einem davon das **Heimatmuseum** untergebracht ist.

*Nach rechts über die Mühlstraße (**Wegepunkt** 5) geht es weiter auf dem Bodensee-Königssee-Radweg. Die Akkus können wir nun schonen, denn es geht rechts via Grafenaschau und Vorderbraunau bergab.*

Entspanntes kuren in Bad Kohlgrub

Neben der Strecke liegt der **„Lange Knöchel"**, ein langgezogener See, in dem sich eine steil aufragende Felswand spiegelt. In den 1960er und 1970er Jahren sollte hier Hartstein abgebaut werden, was aus Gründen des **Naturschutzes** allerdings nicht in großem Umfang möglich war. Der Landkreis Garmisch-Partenkirchen kaufte das Betriebsgelände im Jahr 2000, ließ danach die Werksanlagen abbrechen und den Pumpbetrieb einstellen. Seitdem kann sich die Natur hier frei entfalten.

Prachtvoll über die Loisach in Eschenlohe

*Kurz vor der Autobahnauffahrt rechts in den Weg hinein (**Wegepunkt ❻**) und durch die Felder. Bei nächster Gelegenheit links unter der A95 her und nach Eschenlohe.*

Direkt am Wegesrand liegt ein großer Solarpark, in dem „grüne Energie" gewonnen wird. Eschenlohe empfängt uns mit einem **„Fußfühlpfad"**, wo wir unsere Schuhe ausziehen und verschiedene Untergründe wie Moos, Rinde oder Sand hautnah erleben können. Ergänzt wird das mit wunderbar gearbeiteten Holzfiguren und einer Mariengrotte auf dem Friedhof. Ansehen müssen wir uns die **Loisachbrücke**. Mit einem Dach versehen und von einer Figur des Heiligen Nepomuk beschützt, überspannt sie die hier immer noch recht wilde Loisach.

*In Eschenlohe von der Höllenstein- rechts in die Garmischer Straße und vor der Brücke weiter rechts (**Wegepunkt ❼**). Hier trennen wir uns vom Bodensee-Königssee-Radweg und rollen immer an der Loisach bzw. am Röhrbach entlang an Oberau und Farchant vorbei.*

Am Ortsausgang von Eschenlohe werden wir zu weiteren Stopps überredet: Es gibt einen alten, begehbaren **Stollen** und etwas höher am Kalvarienberg eine Ölberggruppe sowie die **Kapelle St. Nikolaus**.

Bei der Einfahrt nach Garmisch-Partenkirchen erhebt sich linkerhand der 1.780 m hohe **„Wank"**. Es

In der Ludwigstraße ist jedes Haus eine echte Augenweide

sind nur wenige Pedaltritte bergauf bis zur Talstation. Von dort bringt uns eine Gondel hinauf in eine andere Welt: Atemberaubende Aussichten und wilde Natur können wir hier genießen.

Hinter Farchant schmiegt sich der Radweg an die Bahnlinie und erreicht Garmisch-Partenkirchen.

Der Ortsteil Partenkirchen liegt mit seiner 3 **historischen Ludwigstraße** linkerhand. Ins Zentrum von Garmisch mit der geschäftigen **Fußgängerzone** und der 4 **Olympiaschanze** können wir ein paar Minuten später abzweigen.

Mehr Informationen über den Ort finden Sie im **Ortsporträt Garmisch-Partenkirchen** (siehe S. 188).

*An der Martinswinkelstraße rechts (**Wegepunkt** 8), durch die Linkskurve hindurch und über die Brücke hinweg. Bei den Parkplätzen an der querenden Alleestraße rechts.*

Über Grainau erhebt sich das Zugspitzmassiv

Die Streckenführung liegt direkt am hinteren Eingang des **Michael-Ende-Kurparks**. Wer Ruhe sucht: Hier finden wir sie inmitten liebevoll angelegter Gärten. Und wenn wir Glück haben, dringt auch noch fröhlicher Hall an unsere Ohren, wenn gerade ein Kurkonzert stattfindet.

Weiter geradeaus über die Ampelkreuzung auf der Alleestraße

Neben uns glitzert die glasklare und eiskalte **Loisach** – je nach Wetterlage kann sie hier auch ziemlich tosend daherkommen. Am besten überblicken wir den Fluss vom **Schneggensteg**. Die überdachte und autofreie Holzbrücke gibt auch ein tolles Fotomotiv ab.

An der Kreuzung rechts mit der Maximilianstraße über den Fluss, dann weiter auf dieser Straße.

Wer nicht in Garmisch oder in Partenkirchen eingekehrt ist, kann zwischendurch über einen kleinen Steg das Ufer wechseln und gelangt zum **Freizeitpark Loisachbad**. An dem kleinen See ist ein Picknick besonders schön!

*Inzwischen sind wir auf der Äußeren Maximilianstraße unterwegs, die vor einer Kaserne entlang wieder zurück zur Loisach führt (**Wegepunkt** ❾).*

Die Kaserne rechts neben uns ist unübersehbar. Hingegen ist es nur ein kleines Hinweisschild nach links zum Unternehmen Langmatz, dem vermutlich größten industriellen Arbeitgeber weit und breit. Hergestellt werden hier u.a. die **„Signal-Anforderungsgeräte"** – jene gelben „Kästen", mit denen wir an Ampeln „Grün" anfordern. Aber auch Kabelschächte, Sicherungskästen und vieles mehr gehört zum Produktportfolio.

Mit der Brücke geht´s über die Loisach und auf der anderen Seite auf dem Radweg nach rechts bis Schmölz. Die Schilder des Loisach-Radwegs lotsen uns dann mit einer kleinen Steigung durch den Ort und wieder zurück zur B23.

Von Grainau lockt ein Abstecher hinauf zum **Eibsee**. Die Plagerei lohnt sich, denn der Eibsee ist einfach wunderschön und in seinem glasklaren Wasser spiegelt sich die Silhouette der Zugspitze. Die 2017 eingeweihte **Zugspitzbahn** ist rund 4,5 km lang und befördert bis zu 120 Personen gleichzeitig auf den **höchsten Berg Deutschlands**. Hier oben auf 2.962 m ist es immer sehr kalt!

Der Radweg folgt nun auf den nächsten Kilometern mit stetiger Steigung dem Verlauf der Loisach, der B23 sowie der Bahn. Meist radeln wir ganz entspannt weit abseits der Straße.

Die Strecke durch das **Loisachtal** ist herrlich: Wir radeln autofrei auf gutem Grund, rollen sogar durch ein hoffentlich einigermaßen trockenes Flussbett und kommen am 5 **Häselgehr-Wasserfall** vorbei, der ein bekanntes Fotomotiv im Internet ist.

Erfrischende Pause am Häselgehr-Wasserfall

Reisemobilstellplätze an oder nahe der Route

Wohnmobilplatz Füssen, Sportstudio, Abt-Hafner-Straße 2, Füssen
Wohnmobilpark und Campingplatz Bannwaldsee, Münchener Straße 151, Schwangau
Camping Brunnen, Seestraße 81, Schwangau
Camping-Oase Reindl, Sonnen 95, Bad Kohlgrub
Wohnmobilstellplatz Ammerrock, Alte Römerstraße 10, Saulgrub
Wohnmobilstellplatz am Solarfreibad, Am Schwimmbad, Ohlstadt
Wohnmobilstellplatz Camp am Wank, Wankbahnstraße 2, Garmisch-Partenkirchen
Wohnmobilhafen Zugspitze, Griesener Straße 2, Grainau
Caping Resort Zugspitze, Griesener Straße 9, Grainau
Camping Dr. Lauth, Zugspitzstraße 34, Ehrwald
Happy-Camp, Garmischer Straße 21, Lermoos
Lärchenhofcamping Gries 2, Lermoos
Wohnmobil- und Wohnwagenstellplatz, Mühle, Heiterwang

*Bei Ehrwald kommen wir an eine etwas unübersichtliche Kreuzung (**Wegepunkt** ⑩). Wir treffen hier auf die Ehrwalder Straße, rollen unter der Brücke her, an der Kreuzung links und gleich wieder rechts in den Weg hinein.*

Ehrwald liegt in einem weiten Tal namens Ehrwalder Becken und ist der zentrale Ort in der **Tiroler Zugspitz Arena**. Hier haben wir die Möglichkeit, uns mit einer Gondel auf die Zugspitze liften zu lassen, während die Ortsmitte von der **Pfarrkirche Unsere Liebe Frau Mariä Heimsuchung** markiert wird.

*Mitten in den Feldern rechts über den Fluss (**Wegepunkt** ⑪) in den Loisachweg hinein, der uns nach Lermoos bringt. Die Schilder des Fernradwegs Via Claudia Augusta weisen uns den teils ansteigenden Weg durch den Ort.*

Lermoos ist ein beliebter Urlaubsort zu allen Jahreszeiten. Das liegt natürlich an der wunderbaren **Tallage** zwischen Lechtaler und Ammergauer Alpen, aber auch an den weiten **Waldgebieten**.

Auch hinter Lermoos geht es auf der Via Claudia Augusta zunächst bergauf. Ab Lähn ist Akkuschonen angesagt: Bichlbach und Heiterwang liegen am Wegesrand, bevor wir hinuntersausen nach Reutte. Hier müssen wir Acht geben auf die Schilder der Via Claudia Augusta, die uns durch die City lotsen.

Bei Lähn haben wir den **höchsten Punkt** unserer Radrunde auf 1.130 m erreicht. Dann richten sich unsere Blicke himmelwärts. 114 m über uns spannt sich die im tibetischen Stil errichtete „highline 179" über die Schlucht. Mit rund 406 m ist sie eine der längsten Hängebrücken der Welt.

Die Festung am Hornacker, Ruine Ehrenberg, Festung Schlosskopf und Fort Claudia versammeln sich zur 6 **Burgenwelt Ehrenberg** – ein Ausflug ins Mittelalter erwartet uns hier. Ein Schrägaufzug befördert uns nach oben, so dass wir nicht nur die Hängebrücke, sondern auch den **Schlosskopf** mit seiner phantastischen Aussicht genießen können.

Ausflug ins Mittelalter an der Burgenwelt Ehrenberg

Die Burgenwelt macht es deutlich: Die **Via Claudia** ist seit Jahrhunderten einer der wichtigsten Alpenübergänge. Davon profitierte auch Reutte, das sich mit seiner einladenden Innenstadt für einen weiteren Stopp anbietet. Bei der Gelegenheit können wir uns vor allem am Obermarkt prachtvolle 7 **Fassadenmalereien** ansehen.

Reutte verlassen wir auf der Via Claudia Augusta, die uns ohne Steigungen durch Hüttenbichl und Pflach führt, die ineinander übergehen. Nachdem wir die B179 gequert haben, radeln wir durch Ober- und Unterpinswang weiter.

Weithin sichtbar thront die **Pfarrkirche St. Ulrich** über den Häusern von Pinswang. „Eine Etage höher" liegt die Ruine der **Burg Loch** am Schwarzenberg. Die kleine und zugleich seltene Höhlenburg geht vermutlich zurück bis ins 13. Jahrhundert.

*Das Ende der Radtour gestaltet sich als etwas laut, denn hinter Unterpinswang folgen wir nach rechts dem Verlauf der Weisshaus Landesstraße (**Wegepunkt ⓬**) nach Füssen. Von der Tiroler Straße zweigen wir links ab und überqueren mit der Lechbrücke den Fluss (**Wegepunkt ⓭**). Auf der anderen Seite geradeaus auf Lechhalde, rechts Ritterstraße, rechts Reichenstraße, links Prinzregentenplatz und dann am Kreisel geradeaus zurück zum Bahnhof Füssen, wo die Runde endet.*

E-Bike Ladestationen an oder nahe der Route

E-Bike Ladestationen, Abt-Hafner-Straße 14, Füssen
E-Bike Ladestationen, Kaiser-Maximilian-Platz, 1A, Füssen, Schlüssel an der Touri-Info
Allgäuer Überlandwerk, Ottostraße 7, Füssen
ESB E-Bike Ladestation, Schmiedeweg 13, Oberau
Intersport Leitner, Kirchplatz 12, Ehrwald
Bike-energy Zugspitzbahn, Obermoos, Ehrwald (Talstation)
Bike-energy, Kirchplatz, Lermoos
E-Bike Ladestationen Gemeinde Lermoos, Unterdorf 15, Lermoos
Elektrizitätswerk Reutte, Klause 5, Reutte-Burgenwelt

Orts-
porträt

GARMISCH-PARTENKIRCHEN

Garmisch-Partenkirchen ist einer der renommiertesten Urlaubsorte des ganzen Landes. Während des gesamten Jahres kommen die Gäste immer wieder gerne in den „heilklimatischen Kurort der Premium Class" – doch was ist es, was den Reiz ausmacht?

Der im Jahre 1935 aus Garmisch und Partenkirchen erschaffene Doppelort hat zwei Gesichter: Ein typisch-bayerisches Ambiente in Partenkirchen und ein mondänes Flair in Garmisch. Der Zusammenschluss erfolgte auf politischen Druck im Vorfeld der Olympischen Winterspiele, die 1936 hier stattfanden.

„GAP" besitzt den Status eines Marktes und ist damit die einzige Gemeinde Deutschlands, die einen Verwaltungssitz hat, ohne den Titel einer Stadt zu führen. Doch beginnen wir besser am Anfang:

Die Römer legten auf einem ihrer Handelswege gerne eine Rast in dem Ort „Partunum" ein. Die Hauptachse war seinerzeit die Via Claudia, die wir bei mehreren unserer Radtouren in diesem Buch kennenlernen werden, doch auch durch dieses Tal zogen die Römer gen Norden.

GAP: Ein pefektes Urlaubsziel inmitten der Alpenriesen

Das benachbarte Garmisch tauchte 802 zum ersten Mal in den Geschichtsbüchern auf, bevor der Ort im Jahre 1249 vom Freisinger Bischof Konrad I. gekauft wurde. Rund 45 Jahre später kaufte Bischof Emicho den Ort Partenkirchen. Bis ins 20. Jh. hinein blieben die beiden Orte echte Konkurrenten, was inzwischen zum Glück Geschichte ist.

Die berühmten Fugger waren es, die im Hochmittelalter wieder Schwung in die Region brachten. Ihre Handelsrouten nach Italien führten, wie schon bei den Römern, hierher.

Bereits Anfang des 19. Jhds. kamen die ersten Kurgäste nach Partenkirchen. Die Besucherzahlen erhöhten sich sprunghaft, nachdem es 1889 möglich wurde, in München in die Bahn zu steigen, und sich bequem hierher schaukeln zu lassen. Man punktete mit guter

Bei den tollen Fassaden fällt´s schwer, sich in der Ludwigstraße auf´s Radeln zu konzentrieren

Luft, der wunderbaren Lage inmitten der Bergriesen und freilich mit der Zugspitze.

Um die Attraktivität zu steigern, wurde bis 1930 die **Zugspitzbahn** fertiggestellt. Es war eine echte Meisterleistung der Ingenieurskunst: Die Strecke von fast 20 km führt zunächst ganz entspannt unterhalb des Rießersees entlang über Kreuzeck und Hammersbach nach Grainau. Dann wird es spektakulär, denn es geht mit 35,1% Steigung bergauf, was nur mit einer Zahnradbahn funktionieren kann. In der ganzen Republik gibt es nur noch 3 intakte Zahnradbahnen, deshalb ist eine Fahrt mit der Zugspitzbahn Pflicht! Die atemberaubende Fahrt bringt uns hinauf zum Zugspitzplatt. Dies ist die Hochfläche unter dem Gipfel der Zuspitze und die ist bekanntermaßen mit 2.962 m der höchste Berg Deutschlands.

Majestätisch erhebt sich das Wettersteingebirge mit dem Zugspitzmassig

Um die Zugspitze zu erreichen, haben wir noch zwei weitere Möglichkeiten: Mit der **Seilbahn Zugspitze**, die am wunderbaren Eibsee oberhalb von Grainau startet und mit der **Tiroler Zugspitzbahn**, deren Talstation in Ehrwald liegt.

Bei so vielen umliegenden Bergen ist es kein Wunder: Garmisch-Partenkirchen ist eines der wichtigsten Wintersport-Domizile des Landes. Die Biathleten, Langläufer und Abfahrer finden ideale Bedingungen vor, was nicht zuletzt daran liegt, dass hier seit vielen Jahrzehnten internationale Meisterschaften ausgetragen werden – das Kandahar-Rennen ist sicherlich eines der aufregendsten im ganzen Ski-Zirkus. Die Skifahrer-Familie Rosi Mittermeier und Christian mit Sohn Felix Neureuther, Namen wie Magdalena Neuner, Maria Höfl-Riesch oder Laura Dahlmeier: Die

Auf bester Piste rollen wir durch´s Loisach-Tal

Liste der GAP-Sportler liest sich wie ein „who-is-who" der Sportgeschichte.

Doch auch im übrigen Jahr gibt es viele Angebote für aktive Urlauber: Die Radwege rund um „GAP" dürfen wir auf der „Königsrunde" des Buches genießen, und auch Wanderer finden Strecken für jeden Geschmack: Vom einfachen Spaziergang über lange Wanderrouten bis hin zu anspruchsvollen Klettersteigen. Zu den beliebtesten Touren gehört die gut ausgebaute Partnachklamm, bei der die Felswände nur wenige Meter Platz für den Fluss und die Wanderer lassen.

Nun aber zu den Sehenswürdigkeiten: Auf unserer Mehrtages-Tour erreichen wir Garmisch-Partenkirchen zu Füßen des **Wank**, der sich fast schon in Alleinlage auf 1.780 m erhebt und zum **Estergebirge** gehört.

Von hier ist es nicht weit in die Ortsmitte von Partenkirchen, die wir uns keinesfalls entgegen lassen dürfen: Die **Historische Ludwigstraße** macht ihrem Namen alle Ehre und wurde deshalb komplett unter Denkmalschutz gestellt. Genau hier verlief die alte Römerstraße und genau hier finden wir ein wunderschönes Gebäude neben dem nächsten. Viele sind farbenfroh gestaltet, andere mit herrlichen **Lüftl-Malereien** verziert. Die Bauern- und Handwerkerhäuser stammen meist aus der Zeit nach 1865 und werden von der **Pfarrkirche Mariä Himmelfahrt** überragt, die ziemlich auf der Hälfte der Straße steht. Gleich gegenüber können wir im **Werdenfels-Museum** tiefer in die Vergangenheit des Ortes eintauchen.

Direkt an unserem Wegesrand liegt der **Kurpark** von Garmisch. Er wurde dem deutschen Schriftsteller Michael Ende gewidmet, der 1929 in Garmisch das Licht der Welt erblickte. Aus seinen Werken wurden Skulpturen an mehreren Stellen des Parks positioniert. Eine Bühne für Konzerte gibt es freilich auch und gleich nebenan stehen das Kongresszentrum und die Spielbank.

Direkt hinter dem Kurpark verläuft die **Fußgängerzone** von Garmisch, die tagsüber auch eine solche ist – also die Bikes bitte hier schieben! Außer erstklassigen Shoppingangeboten gibt es beste Einkehrmöglichkeiten, wie z.B. im **Traditions-Café Krönner** oder im **Fischer´s** am Mohrenplatz. Hier lohnt sich die Einkehr im Biergarten ganz besonders, denn nebenan steht das **Polznkasperhaus**, das älteste Haus von Garmisch mit einem üppigen Bauerngarten davor. Auch im Blick haben wir

Wer mag, kurbelt zwischendurch mal bergauf

die **Pfarrkirche St. Martin**, die im Innern filigrane Malereien und eine prunkvolle Ausstattung verbirgt.

Nicht vollständig ist ein Besuch von Garmisch-Partenkirchen ohne einen Abstecher zum **Olympia-Skistadion**, das 1936 für die Winterspiele errichtet wurde. Der Anblick ist bekannt aus dem Fernsehen, denn hier findet jedes Jahr das berühmte Neujahrsspringen im Rahmen der Vierschanzentournee statt. Der Ausgang des Skistadions erinnert mit der kolossalen Architektur an die zweifelhafte Erbauung, die seinerzeit vom NS-Regime gefördert wurde. Daher blicken wir lieber nach oben auf die Schanze und fragen uns voller Ehrfurcht, wer auf die Idee kommt, dort mit Skiern hinunterzuspringen. Da kaufen wir uns lieber nebenan ein Ticket und sausen auf der **Sommerrodelbahn** zu Tale. Gar nicht weit entfernt vom Skistadion ist der Eingang zur bereits erwähnten **Partnachklamm**, die ebenfalls für den nötigen Nervenkitzel sorgt.

Deutlich entspannter wäre eine zusätzliche Radtour hinauf zum **Rießersee**, der dem regionalen Eishockeyclub seinen Namen gab. Von hier geht's mit den E-Bikes entspannt etwas weiter den Berg hinauf und durch den Wald wieder hinunter zur **Kreuzeckbahn**. Je nach Lust und Laune können wir von dort weiter nach Grainau, zum Schmölz, oder einfach durch die Wiesen wieder retour nach Garmisch rollen.

Tour 23 Länge 51 km

Die „Wallfahrtskirche zum Gegeißelten Heiland auf der Wiese" – oder einfach „Die Wies"

DIE VIELLEICHT SCHÖNSTE ROKOKO-KIRCHE DER WELT

Rundtour von Schongau über Peiting und Steingaden

Die Wieskirche steht für viele Übersee-Touristen auf dem Besuchsplan, wenn sie nach Deutschland kommen. Sie wurde aber auch wunderschön gestaltet und zieht in Alleinlage auf einer Wiese ihre Blicke auf sich. Auf unserer Radrunde werden wir aber weitere Gotteshäuser kennenlernen, die uns mit einer ähnlich prunkvollen Ausstattung beglücken.

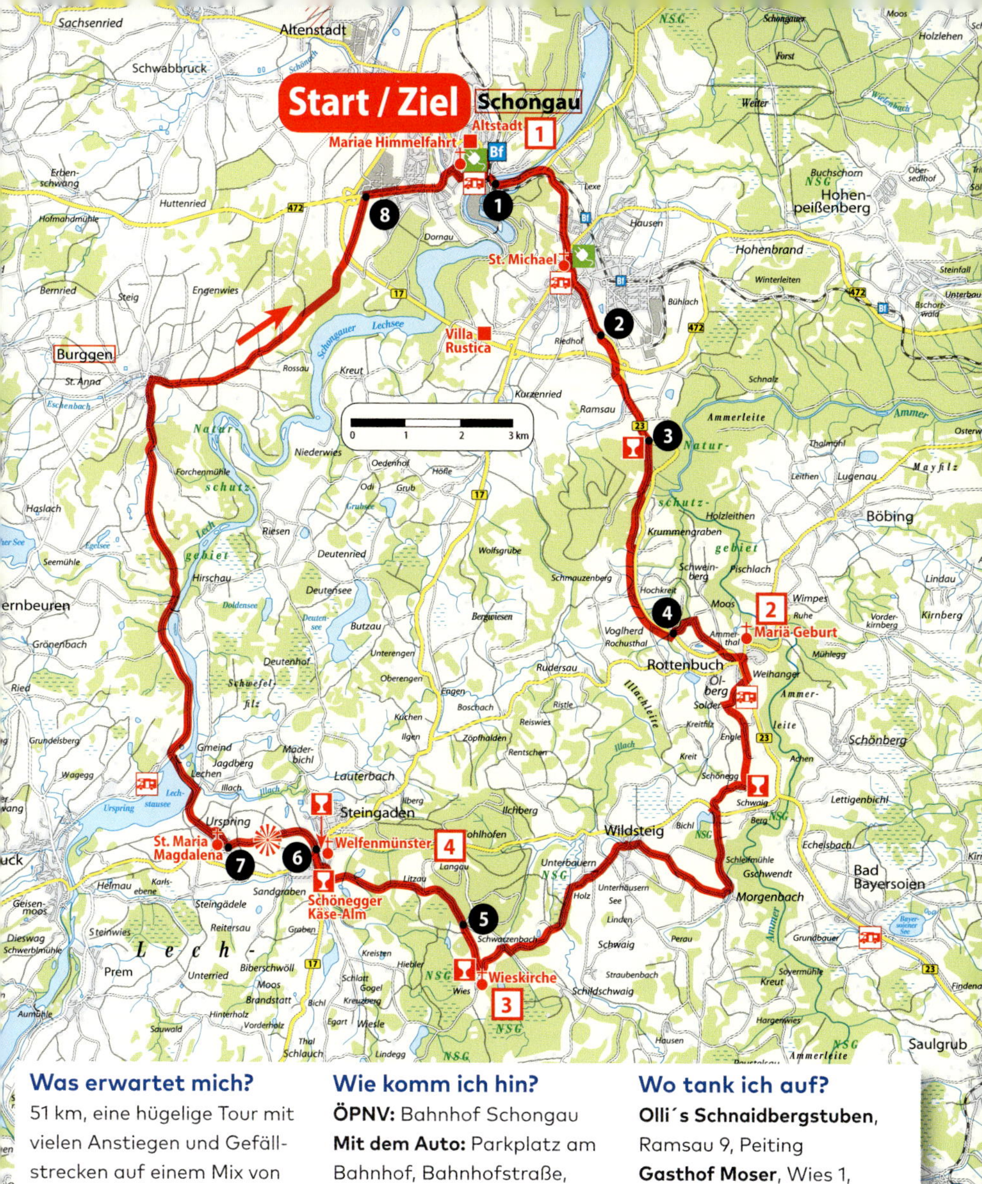

Was erwartet mich?

51 km, eine hügelige Tour mit vielen Anstiegen und Gefällstrecken auf einem Mix von Straßen, asphaltierten Wirtschaftswegen, naturbelassenen Wegen und Pfaden – teilweise beschildert als Romantische Straße, Bodensee-Königssee-Radweg und Via Claudia Augusta.

Wie komm ich hin?

ÖPNV: Bahnhof Schongau

Mit dem Auto: Parkplatz am Bahnhof, Bahnhofstraße, Schongau

Was muss ich sehen?

1 Altstadt Schongau

2 Klosterkirche Mariä Geburt

3 „Wieskirche"

4 Welfenmünster

Wo tank ich auf?

Olli´s Schnaidbergstuben, Ramsau 9, Peiting

Gasthof Moser, Wies 1, Steingaden-Wies

Schönegger Käse-Alm, Schönegg 6 in Rottenbuch sowie Füssenerstraße 27, Steingaden

Bäckerei M. Schuster, Marktplatz 3, Steingaden

Kartentipp: **ADFC Regionalkarte Bayerische Seen**

TOURSTART

Wir starten am Bahnhof von Schongau, den wir nach links verlassen, um der Bahnhofstraße zu folgen. An deren Ende rollen wir mit der Peitinger Straße über den Lech hinweg.

Sehr farbenfroh empfängt uns die seit 1973 komplett unter Denkmalschutz stehende 1 **Altstadt** von Schongau, die oben auf dem Berg liegt. Rund um den weitläufigen **Marienplatz** erheben sich prachtvolle historische Gebäude, die uns erahnen lassen, dass wir auf geschichtsträchtigem Boden wandeln. Schon im 13. Jh. erkannten die Menschen, dass die Lage hoch über dem Lech nicht nur hochwassersicher, sondern auch gut zu verteidigen ist. Zudem lagen wichtige Handelsrouten in direkter Nähe, was für guten Handel sorgen sollte. So entschloss man sich, die Innenstadt mit einer Stadtmauer zu schützen, die bis heute fast komplett erhalten blieb. Den Zugang gewähren mehrere Tore wie das Maxtor oder das **Münztor**, das mit dem Münzhaus daneben ein besonders schönes Fotomotiv liefert. Ansehen müssen wir uns auch das **Ballenhaus**, in dem einst die Waren gelagert wurden, den Polizeidienerturm und die **Stadtpfarrkirche Mariae Himmelfahrt** mit feinstem Rokoko im Innenraum.

Das Münztor führt elegant in die Schongauer Altstadt

*Ab der Lechbrücke folgen wir dem Radweg „Romantische Straße" (**Wegepunkt ❶**), der zunächst wenig romantisch entlang der Peitinger, später Schongauer Straße verläuft.*

Wir rollen neben der Schongauer Straße und um den auffälligen 816 m hohen **Schlossberg** herum. Wenig später liegt die **Pfarrkirche St. Michael** direkt am Wegesrand. Das Ufer am Lech war hier bei Peiting schon weit vor unserer Zeitrechnung besiedelt. Auch die Römer hinterließen hier ihre Spuren mit einer **Villa Raustica**.

*Am Ende von Peiting leiten uns die Schilder der Romantischen Straße nach rechts neben die Ammergauer Straße (**Wegepunkt ❷**) und später unter der B472 her. Beim Ausflugslokal mit Biergarten geradeaus (**Wegepunkt ❸**) und steil hinauf auf dem Schnaitbergweg.*

Links neben uns ragt ein **Fernmeldeturm** in den Himmel. Als er 2002 in Betrieb genommen wurde, war er mit 66 m der höchste Holzturm des Landes.

*Unser Radweg folgt dem Verlauf der B23, ehe wir hinter einer Bushaltestelle (**Wegepunkt ❹**) unter dieser mit einem Tunnel hindurch fahren. Auf der anderen Seite geht es in zwei Schwüngen durch Moos und weiter nach Rottenbuch.*

Weithin sichtbar ist die 2 **Klosterkirche Mariä Geburt**, deren ältesten Teile von 1468 stammen. Sie gehörte zum 1803 aufgelösten Kloster Rottenbuch und täuscht uns geschickt mit einem eher schlichten Äußeren. Beim Betreten des Innenraums ist Staunen angesagt, denn es herrscht fast schon verschwenderischer Luxus bei Hochaltar, Kanzel, Augustineraltar oder Orgel. Dazu feinster Marmor, präzise Stuckarbeiten, filigrane Malereien an Wänden und Decken – da wissen wir gar nicht, wo wir zuerst hinsehen sollen! Ein perfektes Intro für die weitere Tour, die uns auch zur berühmten Wieskiche bringt.

Bei Rottenbuch gesellen wir uns ein kurzes Stück an die B23, um bei den letzten Häusern rechts in den Weg „Solder" einzubiegen. Der biegt kurz darauf links ab.

Die Klosterkirche Mariä Geburt stammt teils aus dem Jahre 1468

Die Region rund um Rottenbuch ist ein beliebtes Ausflugsziel – unweit unseres Weges schlängelt sich die **Ammer** durch ein teils enges Tal und wird von der eindrucksvollen Echelsbacher Bogenbrücke überspannt.

Im Ort links in die Haldenbergerstraße, die teils deutlich bergauf führt. Mit weiteren Hügeln lotsen uns die Radwegeschilder durch Morgenbach und rechts Wildsteig zur Wieskirche.

Unterwegs lockt die erste Schönegger Käse-Alm zu einem Aufenthalt. Der längste Tourstopp wird an der 3 **Wallfahrtskirche zum Gegeißelten Heiland auf der Wiese** eingelegt, die meist als Wieskirche oder einfach nur als „die Wies" bezeichnet wird. Eine spektakuläre Alleinlage in weiten Wiesen, eine atemberaubende Innenausstattung und das Alpenpanorama im

Rokoko in Perfektion

Hintergrund – Herz, was begehrst Du mehr? Die 1754 errichtete Wieskirche ist die vielleicht schönste Rokoko-Kirche der Welt und wurde freilich von der UNESCO unter Schutz gestellt. Das **Gnadenbild** des gegeißelten Heilands, das Orgelprospekt und die **Kanzel** ziehen die Blicke auf sich, bevor sich die Augen gen Himmel richten: Die **Kuppelfresken** sind einfach unglaublich! Bei unserem Besuch der Wieskirche müssen wir etwas Glück haben, denn diese Schönheit ist international so bekannt, dass sich hier oft die Insassen mehrerer Reisebusse knubbeln.

*Die Wieskirche verlassen wir mit der Romantischen Straße an den Großparkplätzen vorbei. Nach wenigen Minuten können wir die Straße nach links verlassen (**Wegepunkt** ❺), um via Litzau nach Steingaden zu radeln.*

In Steingaden haben wir die Chance, in der **Schönegger Käse-Alm**, die in einem schönen Bauernhaus residiert, für Kalorien-Zufuhr zu sorgen. Noch berühmter als für den Käse ist Steingaden für das 1147 gegründete **4 Welfenmünster**. Es stammt aus jener Zeit, als Welf VI., Sohn Heinrich IX. von Bayern, vor seinem Aufbruch zum Kreuzzug an dieser Stelle ein Prämonstratenserkloster gründete. Trotz vieler Zerstörungen im Bauernkrieg und im 30-jährigen Krieg erhielt die heutige Pfarrkirche eine ganz außergewöhnliche Ausstattung.

*Aus Steingaden rollen wir neben dem Rathaus links auf der Krankenhausstraße hinaus – und verlassen die Romantische Straße (**Wegepunkt** ❻). An beiden Weggabelungen jeweils schräg links, erst auf Krankenhausstraße, dann „Auf der Egg". Mit Steigung und anschließendem Gefälle geht's nach Urspring.*

Hinter Steingaden bieten sich herrliche **Rundumblicke** von einem Picknickplatz. Eine Tafel erklärt uns, auf welche **Alpengipfel** wir gerade blicken.

*In Urspring rechts in die Dorfstraße (**Wegepunkt** ❼), mit der wir links und rechts durch den Ort fahren. So gelangen wir zum Lechstausee.*

Klare Strukturen in Steingaden

Den bereits strapazierten Waden können wir in Urspring wieder neues Leben einhauchen, wenn wir die **Kneipp-Anlage** für ein erfrischendes Fußbad nutzen. Die **Filialkirche St. Maria Magdalena** ist eine Rarität, denn hier wurden die acht Kreuzwegstationen monochrom dargestellt. Bei dieser Malerei wird nur eine Basisfarbe eingesetzt.

Dem Ufer des Lechstausees folgen wir gegen den Uhrzeigersinn. Hinter der Staumauer rechts – ab hier rollen wir auf der Via Claudia Augusta bzw. auf der Dampflokrunde.

Idyllische Rastplätze liegen am Uferweg, der sich um den **Lechstausee Urspring** zieht. Viele Uferbereiche sind touristisch bestens erschlossen und für den Wassersport freigegeben.

*Die Schilder der Via Claudia Augusta bzw. der Dampflokrunde geleiten uns mit einigen kurzen Anstiegen durch Burggen zurück nach Schongau. Hier führt uns die Marktoberdorfer Straße nach rechts (**Wegepunkt ❽**) Richtung Innenstadt, wo wir den Bahnhof ansteuern, um die Tour zu beenden.*

Bei Bruggen wurden Gräber vorgefunden, die darauf schließen lassen, dass das Gebiet schon im Jahre 550 besiedelt war. Später entstand ein planmäßig angelegter Ort, bei dem alle **Bauernhöfe** mit ihren Giebeln nach Osten ausgerichtet wurden.

Reisemobilstellplätze an oder nahe der Route

Wohnmobilstellplatz Schongau, Lechuferstraße, Schongau
Wohnmobilstellplatz am Wellenfreibad, Ammergauer Straße 20A, Peiting
Terrassencamping am Richterbichl, Solder 1, Rottenbuch
Wohnmobilstellplatz am Bauhof, Bad Bayersoien
Via Vlaudia Camping, Via Claudia 6, Lechbruck am See

E-Bike Ladestationen an oder nahe der Route

Rathaus Schongau, Münzstraße 1-3, Schongau
E-Bike Ladestationen Hauptplatz 1, Peiting

Urspring ist einer von mehreren Lechstauseen

Tour 24 Länge 45 km

HOCH ÜBER UND NEBEN DEM LECH

Rundtour von Schongau über Burggen und Lechbruck

In stetigem Auf und Ab geht es mit teils herrlichen Aussichten durch das Allgäu. Nachdem wir im ersten Teil etwas abseits des Lechs geradelt sind, kommt er im zweiten Teil immer wieder in Blickweite. Zwischendurch erfahren wir, dass der Lech einst von tollkühnen Flößern genutzt wurde, die Holz auf dem oft wilden Wasser gen Norden transportierten.

Was erwartet mich?

45 km, eine sehr hügelige Tour mit vielen kurzen, kräftigen Anstiegen und Gefällen auf einem Mix von Straßen, asphaltierten Wirtschaftswegen, naturbelassenen Wegen und Pfaden – teilweise beschildert als Via Claudia Augusta, Jakobusweg und Romantische Straße/D9.

Wie komm ich hin?

ÖPNV: Bahnhof Schongau
Mit dem Auto:
Parkplatz am Bahnhof, Bahnhofstraße, Schongau

Was muss ich sehen?

1 St.-Anna-Straße
2 Flößermuseum
3 Welfenmünster
4 Villa Rustica

Wo tank ich auf?

Café Seeblick, Lechwiesenstraße 27, Lechbruck
Zur Alten Schule, Schongauer Straße 1, Lechbruck
Schönegger Käse-Alm, Füssenerstraße 27, Steingaden
Bäckerei M. Schuster, Marktplatz 3, Steingaden

Kartentipp: **ADFC Regionalkarte Bayerische Seen**

TOURSTART

Wir starten am Bahnhof von Schongau, den wir nach links verlassen, um der Bahnhofstraße zu folgen. Vor der Brücke rechts in die Lechuferstraße.

Kaum sind wir am Lechufer angekommen, radeln wir am **„Plantsch"** vorbei, das nicht nur Badespaß, sondern auch Wellness und eine Saunalandschaft verspricht. Wieder einige Pedalumdrehungen später erinnert uns die **Kneipp-Anlage** neben dem Weg daran, dass das Allgäu die Heimat des berühmten Pfarrers Kneipp war.

*Am Staudamm halten wir uns rechts (**Wegepunkt ❶**) und kurz darauf bei der Wasserwacht wieder rechts weiter auf der Lechuferstraße, die zur Colmarer Straße wird und stark ansteigt.*

Wenn wir den See hinter uns gelassen haben, rollen wir am **Biolandhof Reßle** vorbei. Frische Produkte wie Milch, Heumilch, Eier, Fleisch oder Obst werden hier direkt vermarktet. Wer das im Urlaub jeden Tag genießen möchte, mietet sich hier einen Ferienwohnung.

Es geht weiter bergauf: Die Colmarer trifft auf die Marktoberdorfer Straße, deren Radweg wir ein Stück nach links folgen. Wenig später links in die Römerstraße, auf der die Via Claudia Augusta verläuft. So erreichen wir Burggen.

Landidyll in Bruggen

Die Region um Burggen wurde bereits gegen 550 erstmals besiedelt, worauf entsprechende Gräber schließen lassen. In der Ortsmitte widmen wir uns der [1] **St.-Anna-Straße**, die mit ihren Gebäuden komplett unter Denkmalschutz gestellt wurde. Rund um die Kirche St. Anna gesellen sich schmucke historische **Höfe**. Wenn wir genau hinsehen, stellen wir fest, dass alle Giebel gen Osten ausgerichtet wurden.

Tour 24

Lechbruck empfängt uns mit einem schönen Seeufer

Ab Burggen leisten uns neben denen der Via Claudia auch die Schilder der Dampflokrunde gute Dienste. Zwischendurch geht es auch mal akkuschonend bergab. Bei Dessau kehren wir ans Ufer des Lech zurück, dem wir ab hier wieder flussaufwärts folgen.

Wir kommen am **Bio-Gutshof Lechbauer** vorbei, der sich der ökologischen Landwirtschaft verschrieben hat. Schon seit dem 16. Jh. gibt es diese traditionelle Gutsanlage.

Am Wegesrand liegt die **Lechstaustufe 4 – Dessau**. Im Wasserkraftwerk wird Strom erzeugt, indem das Wasser eine Fallhöhe von 8 m überwindet.

Bei der Staumauer wird es wieder Zeit, die Elektromotoren einzuschalten, denn es geht wieder bergauf.

Der Campingplatz „Via Claudia" schmiegt sich mit aussichtsreichen Stellplätzen ans Ufer des **Lechstausees Urspring**.

Vom Camp aus ist die Innenstadt von Lechbruck über die Lechwiesenstraße rasch erreicht.

Gleich am Ortseingang empfängt uns die Lechbrücke mit einem schönen Fotomotiv: Eine rot eingedeckte, schmale **Holzbrücke** führt hinüber zur Insel, auf der es eine **Vogelbeobachtungsstation** gibt.

Lechbruck am See bestand einst tatsächlich aus zwei Orten namens Lech und Lechbruck, die erst 1777 vereinigt wurden. Überregional berühmt waren die **Lechbrucker Flößer**. Sie sorgten dafür, dass das Holz aus den Alpen über den teils wilden Lech nach Norden transportiert wurde. Viele Flöße fuhren bis Augsburg, andere weiter über die Donau bis Wien oder Belgrad. Ein Besuch im 2 **Flößermuseum** ist also Pflicht, denn hier erfahren wir viel mehr über die jahrhundertealte Art und Weise, Holz zu transportieren.

Die Flößer prägten einst die Region

*Sowohl Lechbruck wie auch die Via Claudia Augusta verlassen wir nach links über die zentrale Schongauer (**Wegepunkt** ❷), die geradeaus in die Flößerstraße übergeht, um dann mit der Brücke den Fluss zu überqueren.*

Auf der Flößerstraße können wir uns im **Hoch´Alp-Käsehaus** mit Proviant eindecken, während es links neben uns sprudelt: Der Lech stürzt hier über einen **Wasserfall**.

Auf der Lechbrücke entdecken wir das Denkmal eines **Flößers**, das uns nochmal an deren Bedeutung für die Region erinnert.

*Am anderen Ufer rechts in die Premer Straße (**Wegepunkt** ❸) und hinter der S-Kurve links in den Prälatenweg. Ohne größere Steigungen rollen wir auf dem Jakobusweg nach Steingädele.*

Am Wegesrand liegt der **Ponyhof Prem**, der zurecht damit wirbt, ein „Ruhepol in einer hektischen Welt" zu sein. Hunde, Katzen, Ziegen und natürlich die Pferde sorgen dafür, dass unser Stopp gar nicht enden mag – so sehr verlieben wir uns in die charmanten Vierbeiner!

Die kleine **Kapelle von Steingädele** lohnt einen Blick ins Innere, denn hier herrschen bei den Malereien frohe Farben vor, die den kleinen Altar elegant umspielen.

Steingädele durchradeln wir in der Hauptrichtung und erreichen wenige Minuten später parallel zur St2059 im Zickzack durch Sandgraben Steingaden.

Das prachtvolle 3 **Welfenmünster** haben wir bereits bei **Tour 23** näher betrachtet.

*In Steingaden treffen wir auf der Schongauer Straße die „Romantische Straße" (**Wegepunkt** ❹), folgen ihr nach links und wenig später wieder links in die Riessener Straße, die sodann deutlich ansteigt. Die Schilder der*

„Romantischen Straße" geleiten uns vorbei an Riesen und Kreut vor die B17/B472.

Beiderseits des Radwegs verstecken sich gleich mehrere **Seen**: Linkerhand der Doldensee, rechterhand erst der Deuten-, dann der Riesen- und der Grubsee. Vor allem der Deutensee lockt zu einem Abstecher, denn wenn wir den Schildern nach Deutenried folgen, erreichen wir einen **Badebereich** und können uns abkühlen.

*Mit der Brücke überqueren wir die Bundesstraße und folgen dahinter der Rechtskurve des Kreuther Weges. Nur wenige Pedalumdrehungen später trennen wir uns von der Romantischen Straße und biegen mitten im Feld links in den Weg (**Wegepunkt** ❺).*

Kaum haben wir die Bundesstraße überquert, können wir tief in die Vergangenheit eintauchen: Unweit der Streckenführung liegt eine 4 **Villa Rustica**. Die Römer unterhielten hier zwischen dem 2. und dem 4. Jh. ein Landgut, das zu den größten der Provinz Raetien zählte. Die Ausstattung war für die damaligen Verhältnisse sehr feudal. Nachdem die Römer weg waren, wuchs im wahrsten Sinne Erde über die große Anlage. 1837 stieß man auf Steinmauern, die aber kein großes Interesse fanden. Als 1956 der Landwirt Max Schäffler sein Feld einebnen wollte, fielen ihm die Mauerreste auf, was er der zuständigen Behörde meldete. Nach und nach wurden immer mehr Reste zu Tage gefördert. Seit 2022 gibt es die „Fenster in die Vergangenheit", die uns einen Blick auf das gestatten, was es vor langer Zeit hier gab.

*Durch dichten Wald geht es zur Staustufe, mit der wir den Lech überqueren. Am anderen Ufer (**Wegepunkt** ❶) folgen wir einfach der Strecke, die wir auf dem Hinweg nahmen, um zurück zum Schongauer Bahnhof zu gelangen.*

Rechts neben der Staustufe geht es hinauf zum **Kalvarienberg**. Wenn die Akkuleistung es noch zulässt, lohnt sich dieser kleine Abstecher. Oben wartet nicht nur ein eindrucksvolles **Holzkreuz**, sondern auch eine wunderbare **Aussicht**. Das hügelige Allgäu liegt uns zu Füßen und wenn wir die richtige Position finden, können wir auch den Lech entdecken.

Reisemobilstellplätze an oder nahe der Route

Wohnmobilstellplatz Schongau, Lechuferstraße, Schongau

Wohnmobilstellplatz am Wellenfreibad, Ammergauer Straße 20A, Peiting

Via Claudia Camping, Via Claudia 6, Lechbruck am See

E-Bike Ladestationen an oder nahe der Route

Rathaus Schongau, Münzstraße 1-3, Schongau

E-Bike Ladestationen Hauptplatz 1, Peiting

Marktoberdorf liegt eingebettet in sanfte Hügel

Tour 25 Länge 54 km

ATEMBERAUBENDE AUSSICHTEN

Rundtour von Marktoberdorf über Lechbruck und Bernbeuren

Der Auerberg ist eine der markantesten Erhebungen des Allgäus. Bis auf 1.055 Meter kurbeln wir hinauf und genießen eine famose Fernsicht über das Allgäu bis hin zu den Alpenriesen. Zu Beginn und zum Ende der Tour rollen wir völlig tiefenentspannt auf der autofreien Dampflokrunde, ehe es ein Stück auf der Via Claudia Augusta am Lech entlang geht.

Was erwartet mich?

54 km, eine hügelige Tour mehreren kurzen und einem sehr kräftigen Anstieg sowie entsprechenden Gefällstrecken auf einem Mix von Straßen, asphaltierten Wirtschaftswegen, naturbelassenen Wegen und Pfaden – teilweise beschildert als Radrunde Allgäu/Dampflokrunde, Via Claudia Augusta und Jakobusweg.

Wie komm ich hin?

ÖPNV: Bahnhof Marktoberdorf
Mit dem Auto: Parkplatz Nähe Bahnhof, Bahnhofstraße 16, Marktoberdorf

Was muss ich sehen?

1 Pfarrkirche St. Martin
2 Kapelle Mariä Sieben Schmerzen zum Heiligen Grab
3 Bauernhäuser an der Auerbergstraße
4 Auerberg mit Kirche und Gasthof

Wo tank ich auf?

S´Dorflädele, Hauptstraße 15, Marktoberdorf-Rieder
Roadhouse, Hauptstraße 12, Stötten-Steinbach
Kiosk am Schmutterweiher, Am Parkplatz des Schmutterweihers, Lechbruck
S´Lädele, Marktplatz 10, Bernbeuren
Panorama-Gasthof auf dem Auerberg, Auerberg 2, Bernbeuren

Kartentipp: **ADFC Regionalkarte Bayerische Seen**

TOURSTART

Wir starten am Bahnhof von Marktoberdorf, den wir mit den Schildern der Radrunde Allgäu nach rechts über die Bahnhofstraße verlassen. Am Kreisverkehr und kurz darauf an der querenden B472 jeweils weiter geradeaus auf der Bahnhofstraße.

Bis Marktoberdorf zur „Stadt" wurde, dauerte es recht lange. In einigem Abstand zum Ort Altdorf entstand das Oberdorf. Dieser Name blieb auch erhalten, nachdem 1453 die Marktrechte verliehen wurden. Erst 1953 bekam Markt Oberdorf seine Stadtrechte – zugleich wurde der Name zusammengeführt.

Das herausragende Bauwerk der Stadt ist die schlanke 1 **Pfarrkirche St. Martin**. Schon um 1200 muss es an dieser Stelle eine Kirche gegeben haben. Die meisten Teile gehen wie auch die Zwiebelhaube auf das 18. Jh. zurück. Das Innere dominiert der 1747 von Johann Georg Fischer gestaltete Hochaltar. Das benachbarte ehemalige vierflügelige fürstbischöfliche **Jagdschloss** wurde 1722 ebenfalls von Johann Georg Fischer erbaut. Sein Geburtshaus finden wir in der nach ihm benannten Straße – freilich unter Nr. 1.

Gotteshäuser des Allgäus: Mal mit kurzem Namen wie St. Martin...

Ansehen müssen wir uns auch das im 15. Jh. erbaute **Rathaus**, in dem Stadtarchiv und Heimatmuseum untergebracht sind. Hier gibt es ganz exotische Exponate wie Mausefallen oder Bügeleisen. Das **Riesengebirgsmuseum** erinnert daran, dass viele Marktoberdorfer Familien ihre Wurzeln in Böhmen hatten.

Wer danach immer noch Wissensdurst verspürt, entdeckt regionale Kunst in der **Städtischen Galerie**, bäuerliche Exponate im Hartmannhaus, Gemälde oder Stilmöbel im **Röder-Museum**. Unter einem Schutzdach finden wir die ausgegrabenen Reste eines römischen Bades. Und wer´s lieber technisch mag, besucht das Fendt-Forum der Firma AGCO, in der die bekannten **Fendt-Traktoren** hergestellt werden.

*Am Ende der Bahnhof- rechts in die Meichelbeckstraße und wenig später an der großen Kreuzung links in die Hochwiesstraße (**Wegepunkt** ❶). Wir treffen ebenfalls auf Schilder der Dampflokrunde, die hier parallel der Radrunde Allgäu verläuft.*

Die **Radrunde Allgäu** gibt es in dieser Form seit 2013 und darf stolz den Titel „4-Sterne-Qualitätsroute des ADFC" tragen. Auf 475 km geht es auf und ab durch

unsere herrliche Radl-Region. Die Dampflokrunde ist mit 80 km kürzer und nutzt dafür eine ehemalige Bahntrasse, die zwischen Marktoberdorf und Lechbruck verlief.

Es geht auf einer ehemaligen Bahntrasse durch die hügelige Region. Die Bundesstraße 16 müssen wir ab und an kreuzen, ansonsten stört nichts das Bikerglück. So rollen wir auf teils ansteigender Strecke zunächst durch Rieder, dann vorbei an Stötten, Heggen, Steinbach und Huttler nach Lechbruck am See.

... mal klangvoll wie „Kapelle Mariä Sieben Schmerzen zum Heiligen Grab"

Fast am Wegesrand erhebt sich die 2 **Kapelle Mariä Sieben Schmerzen zum Heiligen Grab**. Sie liefert gemeinsam mit dem benachbarten, ebenfalls schneeweißen Benefiziatenhaus und dem rustikalen Holzzaun davor ein herrliches Fotomotiv. Das Gotteshaus entstand im Jahre1684 als Familienkapelle. Die Ausstattung im italienischen Barock gilt in dieser Region als einzigartig.

Rechterhand liegt der **Schmutterweiher** nur wenige Pedalumdrehungen neben unserer Radtrasse, während auf der anderen Seite Kinsegger-, Langenwalder- und **Sameisterweiher** glitzern. Einen Sprung ins kühle Nass bietet sich vor allem bei letzterem an.

Lechbruck verlassen wir auf der Via Claudia Augusta gen Norden entlang der Lechwiesenstraße. Mit einer Steigung und anschließendem Gefälle geht es vorbei an Campingplatz und See, ehe wir dem Lechufer folgen.

Den Sehenswürdigkeiten von **Lechbruck** haben wir uns bereits in **Tour 24** gewidmet.

*Nun heißt es „Acht geben": Nach einem kleinen Waldstück zweigt mitten im Feld der Weg nach Bernbeuren links ab (**Wegepunkt 2**) – wir verlassen hier die Via Claudia Augusta. Dem Weg folgen wir mit eingeschaltetem E-Motor und kurbeln durch Wiesen und Wälder nach Bernbeuren.*

St. Nikolaus entstand nach einem Großbrand

Bernbeuren blickt auf eine bewegte Vergangenheit zurück, die mit einer merowingischen Sippe begann. Später wurde der Ort sogar zu einem fränkischen Reichshof, fiel am 1.6.1720 aber vollständig einem Flammeninferno zum Opfer. Und so stammt die **Pfarrkirche St. Nikolaus** auch aus der Zeit des Wiederaufbaus im 18. Jahrhundert. Sie steht inmitten mehrerer Kapellen und verschafft uns einen guten Eindruck davon, was man hier als „barocke Volksfrömmigkeit" bezeichnete.

Auch die 3 **Bauernhäuser** entlang der Auerbergstraße wurden zu dieser Zeit erbaut und sind noch genau so erhalten. Grund genug, das gesamte Ensemble unter Denkmalschutz zu stellen.

Seit 2011 gibt es im Ortskern das **Auerbergmuseum im Kiebelehaus**. Mit der einstigen Römersiedlung am Auerberg ist das Museum über einen vier Kilometer langen Kulturpfad namens „Via Damasia" verbunden. Freilich geht das Museum auf die römische Vergangenheit ein, es widmet sich aber auch der Dorfgeschichte und dem Wandel der Region von einem Zentrum des Flachsanbaus hin zur Milchwirtschaft.

*Auf der Burgstraße (links, **Wegepunkt** ❸) geht es hinaus aus Bernbeuren, die uns mit einigen Anstiegen und Gefällstrecken via Straß, Salchenried und Hofen nach Stötten bringt.*

Wenn es die Akkus zulassen, dürfen wir uns einen Abstecher auf den 4 **Auerberg** nicht entgehen lassen. Weithin sichtbar erhebt er sich mit seinen beiden markanten **Kuppen** bis auf 1.055 m Höhe. Das zog vermutlich schon die Kelten, mit Bestimmtheit aber die Römer an, die hier eine Siedlung errichteten. Heute thront die **Filialkirche St. Georg** auf der höchsten Stelle des Auerbergs. Von oben genießen wir einen atemberaubenden **Rundumblick** über das Allgäu bis hin zum grandiosen Alpenpanorama. Der **Panorama-Gasthof** macht seinem Namen also alle Ehre und wirbt mit dem Slogan „1.055 m über dem Alltag".

Auerberg „klebt" förmlich am Berg

Unterhalb der Bergkuppen liegt das kleine aber feine **Wildgehege Auerberg**, als Refugium für verschiedene Tierarten geschaffen. Wildschafe, Mufflons, Rot- und Dammwild sorgen für viel Freude bei allen Besuchern.

Mit akkuschonender und teils rasanter Abfahrt erreichen wir Stötten am Auerberg.

Über einen breiten Weg und drei Stufen ist die **Pfarrkirche St. Peter und Paul** von Stötten zu erreichen, was direkt die nötige Andacht hervorruft. Das Andächtige wird auch so bleiben, denn nach dem Einritt ins Innere verharren unsere Blicke auch gen Himmel: Die Deckenmalereien im Schiff und der Deckenstuck im Chor sind Meisterwerke des 18. Jahrhunderts.

*Der Rest der Tour gestaltet sich recht einfach: Auf der Straße namens „Roßmoos" (links, **Wegepunkt ❹**) hinaus aus Stötten, über die B16 hinweg, am Querweg rechts und am nächsten Querweg links. So sind wir wieder auf der Dampflokrunde bzw. auf der Radrunde Allgäu, die uns via Rieder nach Marktoberndorf geleitet. Hier steuern wir den Bahnhof an, wo die Tour endet.*

Kurz vor Ende der Tour können wir nach links zum **Gwend-Weiher** abzweigen. Dieser sorgt mit viel Grün und einer Holzbrücke für idyllische Momente.

Reisemobilstellplätze an oder nahe der Route

Wohnmobilstellplatz Am Schlossberg, Kurfürstenstraße 19, Marktoberdorf

Wohnmobilstellplatz Pfefferle, Höhenstraße 5, Marktoberdorf

Via Vlaudia Camping, Via Claudia 6, Lechbruck am See

Wohnmobilstellplatz am Auerberg – AlpacaCamping, Salchenried 21, Stötten

E-Bike Ladestationen an oder nahe der Route

Stadt Marktoberdorf, Georg-Fischer-Straße 23, Marktoberdorf

Klein, aber fein:
Der Elbsee bei Aitrang

Tour 26 Länge 55 km

MIT VOLLDAMPF DURCH'S ALLGÄU

Rundtour von Kaufbeuren über Marktoberdorf und Aitrang

Bei dieser hügeligen Runde durch das Ost-Allgäu kommen Freunde der sakralen Kunst voll auf ihre Kosten, denn immer wieder gibt es direkt am Wegesrand kleine Kapellen und stattliche Kirchen zu entdecken. Der Weg dazwischen verläuft über die bestens zu fahrende Dampflokrunde und über kleine Nebenstraßen – gute Aussichten sind immer wieder garantiert!

Was erwartet mich?

55 km, eine hügelige Tour mit einem kräftigen Anstieg und Gefälle zum Ende hin auf einem Mix von Straßen, asphaltierten Wirtschaftswegen, naturbelassenen Wegen und Pfaden – teilweise beschildert als Radrunde Allgäu/Dampflokrunde, Allgäu-Radweg/Jakobusweg und Schlossparkrunde.

Wie komm ich hin?

ÖPNV: Bahnhof Kaufbeuren (stufenfrei an Gleisen 1 und 4)

Mit dem Auto: Parkplatz Berliner Platz, Berliner Platz 4, Kaufbeuren

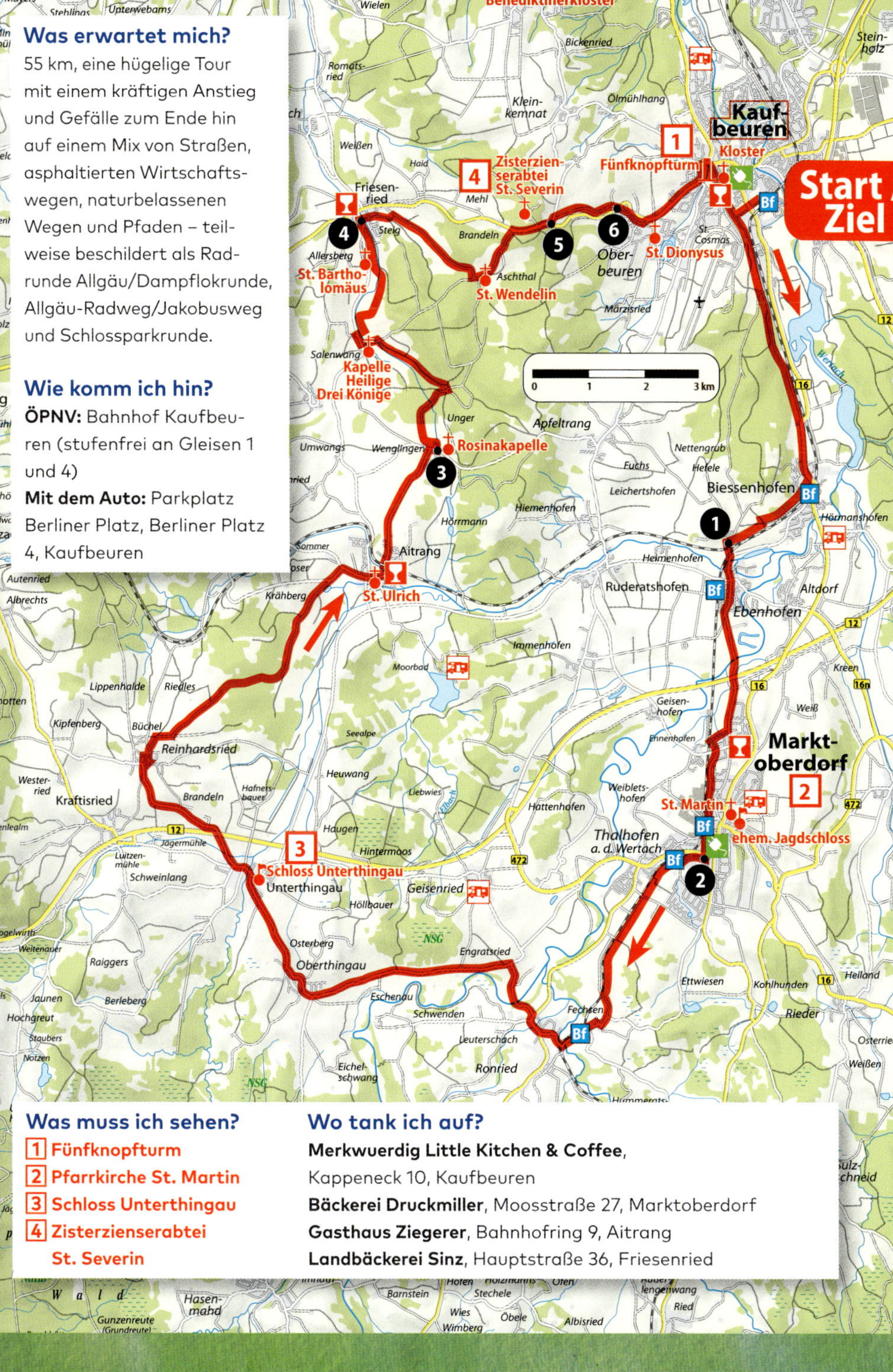

Was muss ich sehen?

1 Fünfknopfturm
2 Pfarrkirche St. Martin
3 Schloss Unterthingau
4 Zisterzienserabtei St. Severin

Wo tank ich auf?

Merkwuerdig Little Kitchen & Coffee, Kappeneck 10, Kaufbeuren

Bäckerei Druckmiller, Moosstraße 27, Marktoberdorf

Gasthaus Ziegerer, Bahnhofring 9, Aitrang

Landbäckerei Sinz, Hauptstraße 36, Friesenried

Kartentipp: **ADFC Regionalkarte Allgäu**

TOURSTART

Wir starten am Bahnhof von Kaufbeuren, den wir nach links auf der Bahnhofstraße verlassen. An der Ampelkreuzung geradeaus in die Heilig-Kreuz-Straße.

Ob vor oder nach der Tour: Ein Besuch der Kaufbeurer Innenstadt ist Pflicht, denn es gibt unglaublich viel zu entdecken: Als Wahrzeichen der Stadt gilt der 1 **Fünfknopfturm** hoch über der Stadt, wo wir eine herrliche Aussicht genießen können. Zahlreiche weitere **Türme** ragen aus dem Häusermeer hervor, wie Blasius-, Sywolln-, Gerber-, Münz-, Pulver- oder Hexenturm. Schön ist auch der ehemalige Irseer Hof, der heute **Jörg-Lederer-Haus** heißt und an den Bildhauer erinnert, der hier ab 1507 lebte, wirkte und heiratete. Von ihm stammt auch der Altar in der St. Blasius-Kirche. Die Stadtmitte markiert das um 1880 herum im Stile der Neorenaissance erbaute alte **Rathaus**.

Der Fünfknopfturm ist das Wahrzeichen Kaufbeurens

Inzwischen heiliggesprochen wurde Ordensschwester **Crescentia Höß**, die von 1682 bis 1744 lebte. Crescentia kam aus ärmlichen Verhältnissen und schaffte es durch Zuspruch des Bürgermeisters, im Franziskanerinnen-Kloster aufgenommen zu werden. Zu Lebzeiten übernahm sie Aufgaben im Kloster und war zugleich „allzeit fröhlich und vergnügt". 1741 wurde sie sogar zur Oberin gewählt. Nach ihrem Tod am Ostersonntag 1744 kamen immer mehr Pilger, um ihrer zu gedenken. Bis zu 70.000 Wallfahrer wurden an ihrem Grab gezählt. Das **Kloster**, in dem sie lebte, liegt mit der **Klosterkirche** und dem **Reliquienschrein** der Heiligen Crescentia mitten in der Altstadt.

Nördlich der Innenstadt liegt **Neugablonz**. Der Name stammt vom deutsch-böhmischen Landkreis Gablonz an der Neiße, aus dem 100.000 Menschen vertrieben wurden.

*Der querenden Äußeren Buchleuthenstraße folgen wir nach links und sind bereits auf der Dampflokrunde unterwegs. Diese verläuft meist auf derselben Strecke wie die Radrunde Allgäu und bringt uns mit ständig leichtem Anstieg durch Biessenhofen und links (**Wegepunkt** ❶) Ebenhofen nach Marktoberdorf.*

Die Stadtmitte von **Marktoberdorf** schauen wir uns bei der **Tour 25** genauer an. Hier locken rund um die **2 Pfarrkirche St. Martin** zahlreiche Sehenswürdigkeiten wie das ehemalige vierflügelige fürstbischöfliche Jagdschloss oder das **Rathaus**.

*Marktoberdorf sagen wir Servus entlang der Bahnhofstraße. An der großen Ampelkreuzung rollen wir erst über die B472, dann sofort nach rechts und auf der linken Seite neben dem Mühlsteig her (**Wegepunkt ❷**).*

Beim Verlassen von Marktoberdorf wird es richtig sportlich: Am Wegesrand liegen Tennisplätze, ein Skatepark und der **Boulderbunker**.

Direkt hinter dem „Eisplatz" rechts in den Weg hinein. Die Schilder des Allgäu-Radwegs geleiten uns durch Leuterschach, Engratsried, Ober- und Unterthingau.

3 Schloss Unterthingau begeistert uns mit einer auffälligen roten Fassade und vier charmanten Türmchen. Es war einst Sitz des Dorfgerichts, ehe später ein Gasthof hier einzog. Inzwischen residiert hier die Gemeindeverwaltung.

Hinter Unterthingau weisen uns die Schilder der Schlossparkrunde den wieder ansteigenden, später deutlich abfallenden Weg durch Reinhardsried nach Aitrang.

Die 2.000-Einwohner-Gemeinde Aitrang liegt malerisch eingebettet in die hügelige Landschaft des Allgäus und lockt mit dem nahegelegenen **Elbsee** zu einer Rast am Wasser. Sehenswert ist das Ensemble der **Pfarrkirche St. Ulrich** mit dem Pfarrhaus. Dies wurde, wie viele historische **Bauernhäuser** hier mit einem auffälligen roten Dach eingedeckt.

Die Schlossparkrunde nutzt die Straße Am Heuberg, später Wenglinger Straße, um Aitrang hinter sich zu lassen.

In Wenglingen entdecken wir die **Rosinakapelle**. Die heilige Rosina lebte einst im 14. Jh. und ein Bild hier in Wenglingen deutet darauf hin, dass sie wohl einst einen blutigen Märtyrertod starb.

Vom E-Bike auf's Boot

Von der kleinen Kapelle
Hl. Drei Könige...

*In Wenglingen an der Querstraße rechts und direkt wieder links (**Wegepunkt ❸**). Mit zweimal links abbiegen im Wald bringt uns der Weg nach Salenwang.*

Wie wir bereits in der Einleitung versprochen haben: Kein Ort ohne Gotteshaus: In Salenwang ist es die **Kapelle Heilige Drei Könige**.

Hinter Salenwang führt die Schlossparkrunde nach rechts auf kleinen Wegen zwischen Waldrand und Friesenrieder Bach entlang. Alternativ können wir auch die kleine Straße nehmen, die direkt an der Kirche St. Bartholomäus vorbei führt. Beide Varianten bringen uns nach Friesenried.

Die kleine **Kirche St. Bartholomäus** liegt zwar abseits der Wohnbebauung, dafür aber zieht sie uns mit ihrer herrlichen Ausstattung in den Bann. Bänke mit geschmiedeten Verzierungen, filigrane Gemälde, prunkvolle Altäre – das hätten wir hier nicht vermutet!

*In Friesenried verlassen wir die Schlossparkrunde nach rechts in den Schulweg (**Wegepunkt ❹**). Dieser mündet beim Sportplatz in den stark ansteigenden Aschthaler Weg, dem wir nach rechts folgen.*

Im beschaulichen Örtchen Aschtal können wir uns die 1848 errichtete **Kapelle St. Wendelin** ansehen und uns auf dem **Vogellehrpfad** über das Familienleben unserer gefiederten Freunde informieren.

*In Aschtal radeln wir links an der Kapelle vorbei und haben weiter die E-Motoren auf voller Leistung, denn es geht weiter bergauf. An der querenden Landstraße rechts, wenig später in der Rechtskurve geradeaus in „Alte Steige" (**Wegepunkt ❺**).*

Wir haben den höchsten Punkt unserer Tour erreicht – von 835 m genießen wir eine herrliche Rundumsicht! Gleich nebenan liegt die ökumenische **4 Zisterzienserabtei St. Severin**. Die Mönche stellen hier u.a. Badesalze und Kräuterbalsame her, die im Klosterladen erworben werden können.

Reisemobilstellplätze an oder nahe der Route

Wohnmobilstellplatz Kaufbeuren, Buronstraße 99, Kaufbeuren
Wohnmobilstellplatz Biessenhofen, An der Stegmühle 2, Biessenhofen
Wohnmobilstellplatz Am Schlossberg, Kurfürstenstraße 19, Marktoberdorf
Wohnmobilstellplatz Pfefferle, Höhenstraße 5, Marktoberdorf
Campingplatz Elbsee, Am Elbsee 3, Aitrang

E-Bike Ladestationen an oder nahe der Route

VWEW Energie, Kaiser-Max-Straße 1, Kaufbeuren
Stadt Marktoberdorf, Georg-Fischer-Straße 23, Marktoberdorf

... zur grandiosen Klosterkirche Irsee

Ein Abstecher führt zum ehemaligen **Benediktinerkloster Irsee**. Das strahlend weiße Gebäude mit seinen roten Dachziegeln erfährt in der Klosterkirche Maria Himmelfahrt seinen Höhepunkt. Die Grafen von Ronsberg stifteten den hier lebenden Eremiten eine verlassene Burg namens Ursinn, um ihre Einsiedelei verlassen zu können. Die Kanzel wurde durch Ignaz Hillebrand 1725 in Form eines Schiffsbugs gestaltet. All´ diese Pracht wurde für nur wenige Menschen geschaffen – nur maximal 20 Pater lebten in den Mauern.

*Die Alte Steige bringt uns nach Oberbeuren und trifft auf die Lindauer Straße. Hier geradeaus weiter (**Wegepunkt ❻**), rechts, dann links und von hier aus rechts auf dem Radweg an der Lindauer Straße zurück ins Zentrum von Kaufbeuren. Die Schilder bringen uns zum Bahnhof, wo die Tour endet.*

In Oberbeuren neigt sich unsere „sakrale Tour" dem Ende zu – und hat mit der **Pfarrkirche St. Dionysus** noch ein echtes Highlight zu bieten. Der untere Teil des Turmes stammt noch aus dem Spätmittelalter, der Rest wurde 1710 fertiggestellt. Den Innenraum schmücken wertvolle Chorstühle, glänzende Altäre und eine Kanzel aus Nussbaum.

Adrenalinschübe im Skyline-Park

Tour 27
Länge 36 km

AUF DEN SPUREN DES BERÜHMTEN PRIESTERS SEBASTIAN KNEIPP

Rundtour von Bad Wörishofen über Rammingen und Mindelheim

Bei dieser Tour begeben wir uns auf die Spuren des berühmten Pfarrers Sebastian Kneipp. Nachdem wir vieles über sein Leben und Wirken in Bad Wörishofen erfahren haben, „er-fahren" wir den gleichnamigen Radweg. Unterwegs entdecken wir mit Mindelheim noch ein ganz besonders hübsches Städtchen.

Was erwartet mich?

36 km, eine hügelige Tour mit einigen kräftigen Anstiegen und Gefällen auf einem Mix von Straßen, asphaltierten Wirtschaftswegen, naturbelassenen Wegen und Pfaden – teilweise beschildert als Zusam-Radweg, Radrunde Allgäu bzw. Kneipp-Radweg.

Wie komm ich hin?

ÖPNV: Bahnhof Bad Wörishofen

Mit dem Auto: Parkhaus am Bahnhof (keine Dachträger!), Bahnhofsplatz 3, alternativ Parkplatz Eichwald, Bad Wörishofen

Was muss ich sehen?

1. **Skylinepark**
2. **Krippen-, Turmuhren- und Textilmuseum Mindelheim**
3. **Mindelburg**
4. **Kurpark Bad Wörishofen mit Gradieranlage**

Wo tank ich auf?

Café Restaurant Zillertal, Zillertal 1, Bad Wörishofen

Back-Mayr, Widdersteinstraße 4, Mindelheim

Bäckerei Holzheu, Marktstraße 16, Dirlewang

Café-Restaurant Zum Jagdhäusle, Jagdhäusel 1, Bad Wörishofen

Kartentipp: **ADFC Regionalkarte Allgäu + Bayerische Seen**

TOURSTART

Wir starten am Bahnhof von Bad Wörishofen, den wir geradeaus über die Bahnhofstraße verlassen, die an der nächsten Ecke geradeaus weiterläuft. An der nächsten Kreuzung weiter geradeaus auf dem Luitpold-Leusser-Platz, der eine leichte Rechtskurve vollzieht.

Sebastian Anton Kneipp – dieser Name ist für alle Zeiten mit Bad Wörishöfen verknüpft. Im Jahre 1821 wurde der berühmte Mann in Stephansried, also ganz hier in der Nähe, geboren. Sein Vater war ein Weber und so kam es, dass Sebastian bereits mit 11 Jahren zu Arbeiten am Webstuhl eingesetzt wurde – wenn er von seinem Vater nicht gerade als Viehhirte gebraucht wurde. Dennoch besuchte er in Ottobeuren die Sonn- und Feiertagsschule. Als sein Elternhaus abbrannte und die 70 Gulden, die er gespart hatte, verloren waren, verdingte er sich zunächst als Knecht in Grönenbach. Ein Verwandter Kaplan, Dr. Matthias Merkle, nahm sich seiner an und brachte ihm Latein bei, was den Weg auf das Gymnasium ebnete.

Die Säulen des gesunden Lebens...

Der Ortspfarrer Koeberlin von Grönenbach weihte ihn in die Geheimnisse der **Pflanzenheilkunde** ein. Kneipp studierte ab 1848 Theologie in Dillingen. Als er selbst an Tuberkulose erkrankte, entdeckte er zufällig ein Buch über die **Heilkraft des Wassers**, badete immer wieder für kurze Zeit in der eiskalten Donau – und erlangte seine Gesundheit wieder. Die weiteren Heilversuche führte Kneipp heimlich mit anderen Studenten durch. In dieser Zeit stieß Kneipp immer wieder auf Widerstände von Apothekern und Schulmedizinern, die ihn wegen „Kurpfuscherei" verklagten. Kneipp kam im Jahre 1855 als Beichtvater nach Bad Wörishofen. Die Kritik an seiner „Medizin" aber blieb, was ihn nicht daran hinderte, weiter zu praktizieren. Ab 1890 war der Siegeszug der Kneipp´schen Anwendungen nicht mehr zu bremsen – die Methoden wie die Wasserkur mit Wassertreten bewähren sich noch heute.

Durch die Methoden des „Hydro-Therapeuten" entstand in dem beschaulichen Ort ein beliebter **Kurbetrieb**. Im Jahre 1920 wurde Wörishofen als „Bad" geadelt und die Gästezahlen vervielfachten sich bis in die 1970er Jahre auf fast 1,5 Millionen. In den 1990er Jahren wurde das Gesundheitswesen von einer Sparwelle betroffen, was einen großen Rückgang der Gästezahlen bewirkte. Erst mit der Eröffnung der **Südsee-Therme** kam 2004 wieder Schwung in die Stadt.

Und so lockt uns die Innenstadt von Bad Wörishofen auch heute mit tollen Einkehr- und Shopping-Möglichkeiten, die uns vor und nach der Tour den Aufenthalt sehr angenehm gestalten. Natürlich werden wir bei unserer Stadttour immer wieder an Pfarrer Kneipp erinnert, wie z.B. im 1891 fertiggestellten **Kurhaus Sebastianeum**, wo wir das im Original erhaltene **Sprechzimmer** des Naturheilers entdecken oder im Kneipp-Museum. Wem das dann irgendwann „zu viel Kneipp" wird, besucht das Puppenmuseum, das Süddeutsche Fotomuseum, das Kutschenmuseum, das Allgäuer Fischmuseum oder das Fliegermuseum.

... entdeckte Pfarrer Sebastian Kneipp

*An der nächsten Kreuzung links in die Kathreinerstraße (**Wegepunkt** ❶). An der „Obstinsel" zweigen wir rechts ab und rollen auf der Hahnenfeldstraße hinaus aus der Stadt.*

In der **THERME** regenerieren wir uns nach der Radtour hinter großen Glasfronten unter Palmen an einem Lagunenstrand.

*Nachdem wir die Therme passiert haben, geht es auf dem Zusam-Radweg erst durch weite Felder, dann durch Kirchdorf, wo wir an der Kirche St. Stephan rechts in die Kapellenstraße abbiegen (**Wegepunkt** ❷), um wenig später die A96 und die St2518 hinter uns zu lassen.*

Strahlend weiß getüncht winkt sie uns vom Wegesrand zu, die kleine **Kapelle St. Leonhardt**. Die Decke des im 17. Jh. errichteten Gotteshauses wurde mit drei Stuckringen verfeinert.

Der Kirchdorfer Weg geleitet uns nach Oberrammingen, das wir auf dem Zusam-Radweg geradlinig durchrollen.

Reisemobilstellplätze an oder nahe der Route

Wohnmobilstellplatz an der Therme, Thermenallee 1, Bad Wörishofen

Kur- und Vital-Camping Walter-Schulz-Straße 4, Bad Wörishofen

E-Bike Ladestationen an oder nahe der Route

Café-Restaurant Zum Jagdhäusle, Jagdhäusel 1, Bad Wörishofen

Café Restaurant Zillertal, Zillertal 1, Bad Wörishofen

Kirchdorf lockt uns mit einem **Kneippbecken** zum Aufenthalt. Der nahe gelegene 1 **Skylinepark** ist der größte Freizeitpark Bayerns und bietet 60 Attraktionen, darunter sehr rasante Fahrgeschäfte.

*Die Hauptstraße von Rammingen verlassen wir mitten im Ort nach links auf der Bahnhofstraße (**Wegepunkt** ❸), um kurz darauf mit einem Anstieg die Schienen zu queren und diesen mit weiteren Steigungen nach rechts zu folgen. So ist Mindelheim rasch erreicht, wo wir rechts über die Landsberger Straße (**Wegepunkt** ❹), hinter den Schienen links Zeppelinweg und vor dem Bahnhof rechts in die Bahnhofstraße einbiegen.*

Wir rollen durch den weitläufigen **Stadtwald** von Mindelheim, der uns etwas Ruhe bringt, bevor wir zur Stadterkundung rollen.

In Mindelheim beim Kreisel rechts und gleich wieder links in die Maximilianstraße.

In der Maximilianstraße von Mindelheim reiht sich eine prachtvolle Fassade an die nächste, dazu gehört auch das fünfgeschossige und 1337 erbaute Obere Tor. Rund um den Marienplatz gibt es weitere historische Häuser, von denen das 1658 erbaute **Rathaus** die meisten die Blicke auf sich zieht. Museumsfreunde widmen sich in Mindelheim dem 2 **Schwäbischen Krippenmuseum**, dem **Turmuhren-** oder dem **Textilmuseum**.

Hoch über uns grüßt die Mindelburg

*An der Ampelkreuzung links in die Georgenstraße (**Wegepunkt** ❺) und in der darauffolgenden Linkskurve geradeaus weiter auf der kleinen, gleichnamigen Straße. Hinter der Linkskurve rechts in „Zum Kletterturm".*

Von hoch oben grüßt die 3 **Mindelburg**, wobei wir rasch die Akkus auf volle Leistung stellen und nach oben kurbeln sollten. Im 12. Jh. erbaut, diente die Burg schon verschiedenen Zwecken. Über

Tour 27

die Jahrhunderte konnte sie immer wieder erweitert und perfekt erhalten werden, so dass uns eine prachtvolle Anlage erwartet. Der 24 m hohe Bergfried dient als **Aussichtsturm** und lässt uns weit über´s Land schauen.

Farbenfrohes Mindelheim...

*Die Bahnschienen werden erneut gekreuzt, ehe wir bei Gernstall an der Querstraße rechts und gleich wieder links abbiegen (**Wegepunkt** ❻). Der Radweg am kleinen Fluss Mindel führt vorbei am Ort Apfeltrach nach Dirlewang.*

In Apfeltrach fällt uns die **Pfarrkirche St. Bartholomäus** direkt ins Auge, denn das Gotteshaus wurde genau wie seine schützende Mauer aus unverputztem Backstein errichtet.

... und gottesfürchtiges Apfeltrach

In Dirlewang biegen wir links ab in die Saulengrainer Straße und folgen ab hier den Schildern des Kneipp-Radwegs bzw. der Radrunde Allgäu, die uns sanft ansteigend über die Bundesstraße hinweg nach Altensteig bringen.

Am Wegesrand liegt der **Altensteiger Badeweiher**, in dem wir uns bei sonnigem Sommerwetter vor der anstehenden Steigung abkühlen können.

*Der Kneipp-Radweg zweigt in Altensteig rechts in die Garten- und an deren Ende links in die Brunnenstraße ein, um die Straße hinter der stark ansteigenden S-Kurve nach rechts in den Weg zu verlassen (**Wegepunkt** ❼). In Schöneschach ist die Steigung geschafft, so dass wir nun entspannt nach Bad Wörishofen zurückrollen können, wo die Radrunde am Bahnhof endet.*

Gegen Ende der Tour rollen wir durch den 163.000 qm großen 4 **Kurpark** und entdecken **eines der größten Rosarien Deutschlands** mit über 8.000 Rosenstöcken aus etwa als 530 Arten. Der Kurpark umfasst auch einen Duft- und Aromagarten sowie drei **Heilkräutergärten**.

Impressum

1. Auflage 2024

Touren/Texte: Oliver Kockskämper, Köln

Titelfoto: © SusaZoom/AdobeStock, © amriphoto/iStock

Fotos: Oliver Kockskämper (S. 15, 18, 23 unten, 30, 31, 38, 42, 43, 64 oben, 128 unten, 136, 139, 158, 164, 165 oben, 167 unten, 181, 184, 185, 188/189, 190/191, 191 rechts, 192, 193, 214, 220, 221) sowie

© Allgäu GmbH/Matthias Wendling (S. 2/3, 8/9), © Fouad Vollmer/Werbeagentur Mittelbiberach (S. 4/5), © Allgäu GmbH/Martin Erd (S. 6/7, 10/11), © Allgäu GmbH/Erika Spengler (S. 12/13), © Flensshot/Pixabay (S. 16), © Franzfoto/wikimedia (S. 19 oben, 26, 28, 29, 34, 36, 62/63, 108, 127, 133 unten), © Dietrich Krieger/wikimedia (S. 19 unten), © Böhringer Friedrich/wikimedia (S. 21), © Pixabay (S. 22/23), © Gregorini Demetrio/wikimedia (S. 24 oben), © Dguendel/wikimedia (S. 24 unten), © LN_Photoart/Pixabay (S. 25), © Bene16/wikimedia (S. 32), © Norbert Kaiser/wikimedia (S. 35), © KlaraLang/wikimedia (S. 37), © Mlorer/wikimedia (S. 40), © Gras-Ober/wikimedia (S. 41, 44, 83, 208, 209), © H. Helmlechner/wikimedia (S. 46, 69, 70, 77), © Pascal Dihé/wikimedia (S. 47), © Nathalie Thal/wikimedia (S. 48), © Skillduggery01/wikimedia (S. 50), © Domi1907/wikimedia (S. 52), © Clemenspool/wikimedia (S. 53, 82), © Dark Avenger/wikimedia (S. 54), © Henning Supertramp/ flickr (S. 55), © Matthias_Haberstock/AdobeStock (S. 56), © Dozey/AdobeStock (S. 59), © Stephan Möller/wikimedia (S. 61 oben), © Richard Mayer/wikimedia (S. 61 unten, 109 oben, 109 unten, 111 oben), © mightymightymatze/flickr (S. 63 unten), © Breitachklammm/wikimedia (S. 64 unten), © Nikater/ wikimedia (S. 65, 68), © OKBergbahnen/wikimedia (S. 66), © Johannes D/wikimedia (S. 71), © MartinD/wikimedia (S. 72), © Lokilech/wikimedia (S. 74 oben, 161 oben), © Hilarmont/wikimedia (S. 74 unten, 93, 167 oben), © Flodur63/wikimedia (S. 75, 81, 102/103, 140, 142, 154/155, 202, 204, 215, 216, 217), © Buendia22/wikimedia (S. 78), © Arne Müseler/arne-mueseler.com (S. 84, 89), © Alofok/wikimedia (S. 86, 92 oben, 92 unten), © Sina Ettmer/AdobeStock (S. 90/91), © Tuxyso/wikimedia (S. 94/95), © Richard Huber/wikimedia (S. 96), © Thomas Mirtsch/wikimedia (S. 99), © Schilling Thomas/wikimedia (S. 100), © Neitram/wikimedia (S. 101), © Johannes Böckh/wikimedia (S. 104 oben, 115), © Rufus46/wikimedia (S. 104 unten, 197), © mariejirousek/flickr (S. 105, 112), © fotoping /AdobeStock (S. 106, 124), © Mogadir/wikimedia (S. 111 unten, 116, 117, 123, 147), © Tobias Baiter/Pixabay (S. 118), © Janobi/wikimedia (S. 121), © Eypo/wikimedia (S. 128 oben), © thorstenrodeitwilken/Pixabay (S. 130/131), © ghesse wikimedia (S. 132), © Nuncfluens/wikimedia (S. 133 oben), © JohannesGloeggler/wikimedia (S. 134 oben, 135), © Stux/Pixabay (S. 134 unten), © Tilman2007/wikimedia (S. 138, 145 oben), © Tobias Maier/wikimedia (S. 145 unten), © andreas schur/pixabay (S. 148), © s-ms_1989/pixabay (S. 151), © SchiDD/wikimedia (S. 152, 157), © Martin Kraft/wikimedia (S. 156), © Herbert Wittmann/wikimedia (S. 161 unten), © Hildegard Elias/wikimedia (S. 163), © Johannes Robalotoff/wikimedia (S. 165 unten), © Taxiarchos228/wikimedia (S. 166, 173, 175), © erge/Pixabay (S. 168), © Sonyuser/Pixabay (S. 169), © Adam Derewecki/Pixabay (S. 170), © Wolkenkratzer/wikimedia (S. 172), © Sendlinger Fotografie/Pixabay (S. 176), © Diego Delso/wikimedia (S. 179, 223 oben), © Waugsberg/wikimedia (S. 182), © Pixelteufel/flickr (S. 183), © Daniel Zimmermann/wikimedia (S. 187), © Martin Falbisoner/wikimedia (S. 194), © Thmsfrst/wikimedia (S. 196), © Llez/wikimedia (S. 198), © Robert Brands/flickr (S. 199), © Sabrina Weisser/flickr (S. 200, 203), © ARochau/AdobeStock (S. 206, 212), © GFreihalter/wikimedia (S. 210), © Reinhold Behringer/flickr (S. 211), © Anton Porsche/wikimedia (S. 218), © Jan Oberdorfer/wikimedia (S. 222), © Thomas Mirtsch/wikimedia (S. 223 unten).

Buchgestaltung: Horst Krückemeier, www.hokrue.de, Bielefeld

Layoutkonzept und Umschlaggestaltung: Alexandra Struve, www.designundich.de, Braunschweig

Kartografie: BVA BikeMedia

ISBN: 978-3-96990-227-1